間違いだらけの日本の物流

矢野裕児
流通経済大学流通情報学部教授
首藤若菜
立教大学経済学部教授

ウェッジ

はじめに

日本の物流は、持続可能なのだろうか。いわゆる物流の「2024年問題」では、トラックドライバーの労働時間規制が強化されたことで物流が逼迫する事態が懸念された。しかし現実には大きな混乱は起きず、2024年は過ぎていった。それはなぜなのか。「2024年問題」は杞憂だったのだろうか。

本書は、「2024年問題」に関するこうした疑問に答えつつ、物流の現状を描き、日本の物流が抱える構造的な課題を論じることを目的としている。

「2024年問題」が明らかにしたことは、ドライバーの労働時間を「過労死ライン」を超えない程度にまで短縮しようとしただけで、「物流が止まる」と叫ばれるほど、日本の物流が行き詰っていることだった。

今後、ドライバー不足は加速していくと予測される。ドライバー職は、他職種よりも高齢化が進んでおり、厚生労働省の調査によれば大型トラックドライバーの平均年齢は50・6歳と、全産業平均43・9歳よりも7歳高い。

NX総合研究所の推計では、高齢ドライバーの引退により2030年度には約16万人のドライバーが不足し、およそ2割の荷物が運べなくなる。ちなみに「2024年問題」により不足するドライバー数は、少なく見積もった場合、約5万人だった。むろん、いずれは自動運転が普及し、ドライバー不足は解消されるかもしれない。だが、自動運転車両が日本の隅々にまで貨物を運ぶ社会はまだ見えていない。

こうした状況を踏まえると、たとえ今、物流が逼迫していないとしても、物流問題の本質を問い続けなければならないと私たちは考える。

なお、物流の持続性を高めようと政府はさまざまな対策をとってきた。代表的なものには2024年に成立した物流総合効率化法と貨物自動車運送事業法の改正だ。本書は、こうした法改正や関連する諸政策にも触れるが、そこに重点を置いているわけではない。言い換えると、荷主企業や運送会社が、法改正にどう対処すべきなのか、その手引きを目的としたものではない。物流業界には効率的な輸送を助言するコンサルタント会社が数多く存在し、物流戦略を描く書籍が多数出版されている。本書は、現行の法制度や商慣行を前提に、物流の効率性をいかに高められるのかを論じるものではなく、非効率な物流をもたらす要因を明らかにし、それを是正していくための道筋を考えるものである。

私たちは、異なる分野を専門とする研究者である。矢野裕児（流通経済大学流通情報学部学部長）は物流、ロジスティクス、流通の専門家である。首藤若菜（立教大学経済学部教授）は労使関係論を専門とし、トラックドライバーの労働実態を研究してきた。

本書が誕生したきっかけは、月刊誌『ウェッジ』が２０２３年5月号で物流「２０２４年問題」の特集を組んだことにある。私たちはそれぞれ取材を受け、インタビュー記事が掲載された。同誌の反響が大きかったことから、「２０２４年問題」のその後を著した書籍の話が持ちかけられた。

そもそも私たちは、複数の審議会や検討会でともに委員を務めてきた。例えば、経済産業省・国土交通省・農林水産省が設置した「持続可能な物流の実現に向けた検討会」、国土交通省の「標準的な運賃・標準運送約款の見直しに向けた検討会」や「トラック運送業における多重下請構造検討会」などである。とりわけ「持続可能な物流の実現に向けた検討会」は短期間に幾度も会議が開催され、根本的な問題が活発に議論された場だった。同検討会が取りまとめた内容は、その後、物流総合効率化法の改正に反映された。これらの論議を通して、私たちは物流の構造的課題を具体的に説明し、是正に向けた方途を示すことの重要性を感じ、本書の出版につながった。

本書の構成は、次の通りである。

第1章では、トラック業界を概説する。「2024年問題」とは何であったのかを述べたうえで、この業界の特徴として小規模零細事業者が多いこと、多層的な下請け構造があること、そして労働時間規制を契機に法政策が規制緩和から強化へと転じてきたことなどを紹介する。

第2章では、2024年4月以降、物流が逼迫していない理由を検討したうえで、トラック輸送の現場で何が変わり、何が変わっていないのかを実態調査をもとに叙述する。

第3章では、物流業界の歴史を振り返る。長期的に見ればこの業界は常に人手不足に悩まされ、「物流危機」の懸念がつきまとっていた。そのなかで効率的な物流を実現するために実施されてきた対策とその過程を描く。

第4章では、生鮮品、鉄鋼、化学、小売などの業界ごとに物流をめぐる課題を整理し、それぞれに進められてきた取り組みを論じる。

1・2章は運送会社やドライバーの視点から首藤が執筆し、3・4章は荷主の視点から矢野が執筆した。1章から4章は、結果的に重複した内容も見られるが、両者の専門性の違いを考慮し、あえてすり合わせは行っていない。

第5章では、持続可能な物流の構築のために、具体的な解決策を論じる。前半を首藤、後半を矢野が執筆した。

なお本書では、国際比較の視点を取り入れるため、田阪幹雄氏（NX総合研究所リサーチフェロー）に筆をとっていただき、2つのコラムを挿入した。各章およびコラムはそれぞれ独立しており、どこから読んでいただいても構わない。

ただし、本書にはいくつもの限界がある。今日、物流に関わるテクノロジーは急速に進化しているが、それらについては十分な分析ができていない。また、物流を論じるのであれば、本来、鉄道・船・航空による輸送や倉庫業についても議論すべきだが、本書ではトラック輸送のみに焦点を当てている。加えて、トラック輸送のなかでも、宅配便に代表される軽貨物輸送についてては、紙幅の都合上、ほとんど言及できていない。

本書が描く物流の未来は、残念ながら必ずしも明るいものではない。

例えば、私たち消費者は、コンビニやスーパーで、新鮮な商品が多数そろっている状態を当たり前に享受してきた。しかし、高い鮮度や豊富な品ぞろえは、物流の負荷を高め、結果的にドライバーの労働時間を延ばし、人手不足をもたらしてきた。物流を止めないためには、私たちはこれまで得てきた利便性を諦めないといけないのかもしれない。

そうならないためには、どうしたらいいのか。本書が、持続可能な物流をともに考え、変革に向けた一歩を踏み出す契機となれば、うれしく思う。

首藤若菜

間違いだらけの日本の物流　目次

第2章 現場は何が変わり、何が変わらなかったのか——首藤若菜

第3章
商慣行が深刻化させるドライバー不足 ――矢野裕児

第4章

荷主・消費者にとっての「当たり前」は持続可能か

——矢野裕児

第5章 社会の仕組み全体の見直しを迫る「物流危機」

第1章

「2024年問題」とは何だったのか

首藤若菜

「2024年問題」に揺れた日本

「働き方改革」はなぜ「問題」とされたのか

2019年に「働き方改革」関連法が施行されたことにより時間外労働の上限規制が課され、一定時間以上の残業をすることができなくなった。長時間労働の是正は、日本社会の長年の課題だった。残業時間の上限を導入することには反対の声もあったが、過労死の防止、ワークライフバランスの実現、少子化対策などの観点から、その必要性が強調されてきた。実際に多くの企業が、「ノー残業デー」を設定したり、一定時刻になるとオフィスを消灯したりするなどさまざまな取り組みを通じて労働時間の短縮を図ってきた。こうした取り組みが、2019年当時に何か大きな問題を引き起こすことはなかった。

だが、同法の施行に5年の猶予措置が設けられた医師、建設業、自動車運転者などに上限規制が適用されることになった途端、「2024年問題」が浮上した。トラックドライバーに関して言えば、荷物が届かなくなるのではないか、これまでのように生産や販売ができなくなるのではないか、経営のあり方や従業員の働き方に影響が及ぶのではないか、さらには人々の暮らしや生活が守られなくなるのではないか、そういった声が社会にあふれた。

たったいくつかの職種で労働時間が短縮されることが、なぜこれほどまでに社会を揺るがしたのだろうか。

ある牛乳販売店で起きたこと

ドライバーの労働時間短縮がどのような影響を及ぼすのか、牛乳販売店の事例をもとに考えてみたい。

ある大手食品会社は、乳製品の宅配事業を行っている。全国約2700カ所の販売店と連携しながら、各家庭に牛乳やヨーグルトを宅配してきた。宅配事業の歴史は古く、一時期はスーパーやコンビニに押されていたが、高齢化や核家族化のなかで盛り返しを見せており、現在でも全国で約250万世帯が利用している。

2023年より、同社は「配送イノベーションの推進」を掲げ、市乳工場から各地の販売店に乳製品を配送するドライバーの労働時間の短縮に取り組んできた。従来、販売店に納品する時間はピンポイントだったが、2時間の時間幅を設定することを目指した。例えば、これまで朝8時に納品していた商品を8時から10時までの時間帯に納品することへの変更である。そうすることで効率的な配送ルートを組むことができるようにし、指定時間前に到着した際の待機時間も削減できると見積る。

しかし販売店にとっては、今までは8時に商品が到着し、その後1時間ほどかけて仕分け作業を行い、9時から配送業務に取りかかれていたが、そうした段取りが崩されることになる。

さらに同社は、工場から販売店への配送回数や配送曜日の変更も見据えている。例えば月・水・金は●●方面、火・木・土は▲▲方面と、方面別に配送日を設定することで、いっそう効率的な運行ルートが実現できる見込みだ。同時に、配送曜日を毎日から隔日に変更し、トラックに積み込む荷物量を増やし、積載率を向上させたいと考えている。これらの改変は、ドライバーの労働時間を削減させるだけでなく、車両数の減少にもつながり、ドライバー不足の対策としても効果的である。効率的な配送ルートや車両数の減少が、二酸化炭素排出量を減らすことは言うまでもない。

しかし、販売店から見ると、配送日が変更されれば、店から家庭に宅配するドライバーの勤務シフトを変えなければならない。顧客に配送曜日の変更をお願いしなければならない場合もあり、曜日変更に応じてもらえなければ解約につながり、売り上げが低下する。また、商品が隔日にしか届かなくなれば、これまで以上に販売店で在庫を抱える必要が出てくる。より多くの在庫を保管するには、より大型の冷蔵庫が必要となる。同社は、販売店に対して設備投資支援を行っているが、各販売店が投資に踏み切るかは分からない。販売店のなかには、複数の店舗を構えながら、コンビニ経営にも乗り出すような事業者がある一方で、家族で代々経営を引き継いできた小規模事業者も多く、高齢夫婦のみで経営している場合も少なくない。特に小規模事業者にとって、こうした変更に対応する資金面、資産面での余裕は限られている。それゆえ、今回の変更を受けて事業継続が困難になるケースもある。

このようにドライバーの労働時間削減が及ぼす影響は小さくない。仕事のあり方に変更が迫られる、顧客を逃すリスクが生じる、新たな設備投資が求められる、ひいては事業継続さえ危うくなる。これが「2024年問題」である。

物流を介さない経済活動は、ほぼ存在しない。そして日本の物流は、トンベース（運んだ荷物の重さの合計）で見ると9割以上がトラックで運ばれている。すなわち、牛乳販売店で起きた事象が、日本中の企業や事業所で起きかねない。それゆえ「2024年問題」は、社会的な広がりを見せた。

むろん、こうした動向は、ドライバーの労働時間規制の強化を契機としながらも、それだけを理由としているわけではない。各社ごとに状況は異なるが、長年存在してきた非効率な業務のあり方を是正し、不採算な事業の見直しを図るといった狙いも透けて見える。ゆえに、すべてがドライバーの労働時間削減だけを目的に行われるものではない。だが、労働時間規制の強化が、こうした行動に踏み出すきっかけとなったことは確かだ。

長時間労働により実現されてきたこと

ドライバーの労働時間が短縮されることによってあぶり出されたこれらの事態は、ドライバーが長く働くことで何を可能にしてきたのかを明らかにしている。

例えば、頻繁に商品が配送されるために、荷主は最小の在庫で事業を営むことが可能だった。牛乳販売店を例にとれば、大型の冷蔵庫を購入する必要がなく、設備投資を抑えながら、売り上げを伸ばすことができた。

これは牛乳販売店だけの話ではない。いわゆる「日本的経営」の生産システムの一つとして存在する「ジャストインタイム」は、その典型である。必要な時に、必要な量だけ、必要なモノを調達することで、在庫を徹底的に削減するこの生産方式は、多くの製造業に普及し、生産効率を高めてきた。その一方でトラック業界は、多頻度の小口化した輸送を引き受け、積載率も輸送効率も低下させ、ドライバーは長時間労働を担ってきた。つまり、ドライバーの労働時間の長さと各社の在庫の少なさは、表裏の関係にあった。

希望した時刻に荷物が届くことは、仕事の段取りを緻密に設計することを可能にする。だがドライバーたちは、その実現のために非効率なルートを回り、遅れないために早く到着し、店舗の外で、工場の周辺で、荷主の庭先で待機してきた。待機時間の長さは、ドライバーの長時間労働の主たる要因となっている。

これら荷主側の効率性を支える労働に、適正な対価が支払われていれば問題はない。だが、何時間待機しても待機料金を受け取れないのが、この業界の商慣習である。柔軟性が高く、便利で、安い輸送が実現してきた裏には、低賃金で長時間働くドライバーが存在していた。

しかし、「働き方改革」により労働時間の削減が義務づけられたことで、待機時間を減らし、非効率な輸送を見直さなければならなくなった。荷主や消費者にとってみれば、長年慣れ親しんだ効率性や利便性に変更が迫られた。それが「２０２４年問題」と呼ばれた。

規制緩和は運送業界に何をもたらしたのか

過当競争による歪んだ商慣行

そもそもなぜ、これほどまでに非効率で低価格な輸送が実現していたのだろうか。

これは30年以上前に実施された規制緩和に起因する。1990年に「貨物自動車運送事業法」と「貨物運送取扱事業法」が施行され、参入規制と運賃規制が緩和された。両法律は、あわせて「物流2法」と呼ばれる（後述する2024年に改正された「物流関連2法」とは別物である）。1991年以降、それ以前の3～4倍の事業者が毎年市場に参入するようになり、総事業者数は右肩上がりに増えていった（図表1―1）。2010年ごろからは退出事業者数も増えていき上昇が止まるが、1990年に4万72社だったトラック運送事業者数は、200

7年には6万3122社となり、その水準のまま現在に至る。つまり、物流2法後の約15年間で、事業者数は1・5倍に増加した。

他方、物流2法が施行された数年後にバブル経済が崩壊した。貨物輸送量は、そもそも景気が良ければ増加し、悪ければ減少する傾向が見られる。バブル崩壊による景気の悪化と、人口減少による市場縮小の影響を受けて、1991年をピークにその後上下しつつも、貨物量は逓減傾向を示すようになる。

貨物量が増えないにもかかわらず、事業者数が急増していった結果、トラック業界は、一気に供給過多の状態へ陥った。こうした状況が、運賃の低下をもたらすことは必然である。運送会社が荷物を奪い合うことで、運賃額は引き下げられていった。輸送量を示すトンキロ（重量×距離）あたりの売上高は、1990年に81円だったが、バブル崩壊からしばらく経つと下降

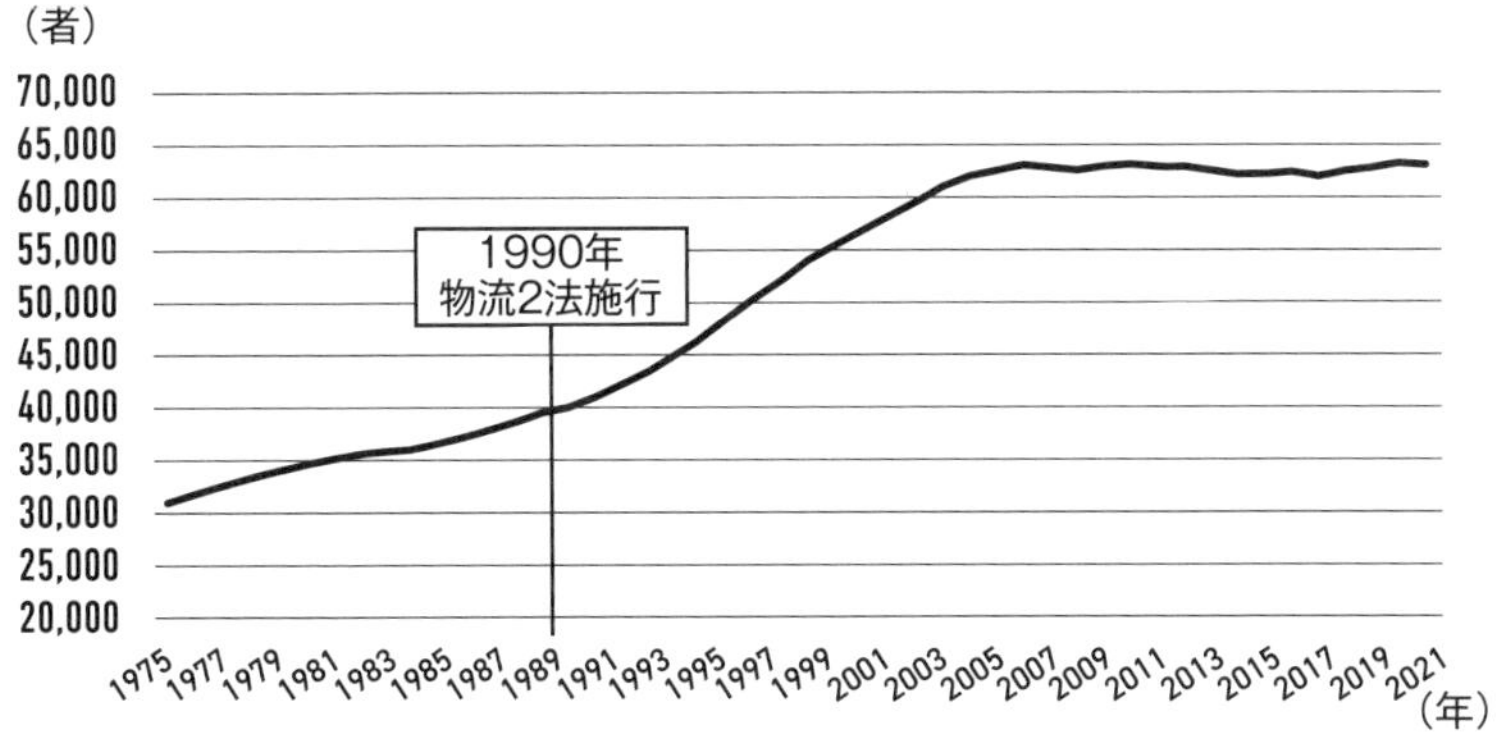

図表 1-1　貨物自動車運送業者数の推移　出所：国土交通省発表資料をもとに作成

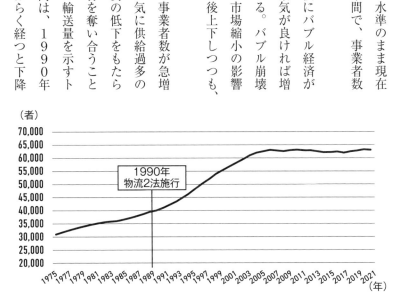

し始め、2001年には59円になった（国土交通省「運賃・料金に関する問題の構造について」トラック運送業の適正運賃・料金検討会、第2回資料）。

むろん競争による価格下落は、どこかで下げ止まる。運送に必要となる燃料費や人件費は最低限確保しなければならないためだ。だが、競争がそこで終わるわけではない。下がった価格のまま、さまざまな業務を無償で引き受ける、いわゆるサービスをめぐる競争が激化していく。例えば、トラックで荷物を輸送する際には、最初に荷物をトラックに載せ、到着後に卸さなければならない。荷物の積み卸しをサービスで引き受けることが当たり前になり、加えて、ドライバーが卸した荷物を倉庫内に運び入れたり、商品棚に並べたり、商品ラベルを貼りつけたり、廃棄物を回収したりすることまで、無償で行う商慣行が広がっていった。こうした商慣行が、トラックの回転効率を引き下げ、業界の生産性を低下させ、そしてドライバーの長時間労働をもたらしてきた。

小規模零細化の進行

一般的に、規制緩和を進めれば、競争が激しくなり、生産性の低い企業が淘汰され、業界全体の生産性は高まると考えられている。しかし、運送業界では、規制緩和後に積載率が低下し、むしろ非効率な輸送が広がった。なぜ、当初の想定通りに進まなかったのだろうか。

それを考えるために、まずこの業界の特徴を整理しておきたい。私たちにとって身近な貨物輸送に、宅配ビジネスがある。宅配輸送は、幅広い配送ネットワークを構築することで、輸送コストを引き下げることができる。そのため、全国各地に巨大ターミナルを設け、高速自動仕分け機を導入し、多数のトラックを保有できる企業が勝ち残ってきた。いわゆる「規模の経済」が働きやすいビジネスモデルである。

他方で、国内で輸送される貨物量の多数を占めるのは一般貨物輸送である。これは、主に法人を相手とし、1台のトラックに1社の荷物を積載する「貸切輸送」が典型的である。こうした輸送方式では、トラックとドライバーさえそろえば、スポットで仕事を請け負うことも可能であり、参入障壁が低い。物流2法が施行された後に事業者数が急増したのは一般貨物輸送においてである。一般貨物については、規模の経済が機能しにくく、A地点からB地点まで貨物を輸送するという意味では商品の差別化が容易でないため、価格競争に陥りやすい。こうした相違から、一般貨物では中小企業が多く、宅配ビジネスでは大手企業が多い。

なお、規制緩和後の約15年間で事業者数は1・5倍に増加したが、ドライバー数は82万3692人（1990年）から、88万2258人（2007年）と1・07倍にしか増えなかった

（国土交通省『陸運統計要覧』）。車両数も、1997年までは増加していたが、その後は横ばいとなった。すなわち、同期間に運送会社は小規模零細化していった。運送会社のうち、保有する車両が10台以下である小規模事業者の比率は、1990年は42・8％だったが、2005年には53・1％になった。そして2022年現在も、54・7％とほぼ変わらない（国土交通省『数字で見る自動車』）。従業員規模別の事業者割合を見ても、今日、従業員数が50人以下の事業者が9割にのぼり、従業員10人以下の小規模事業所が5割を占める。

規制緩和後、激しい競争のなかで、40～50台の車両を抱える中堅規模の事業者が淘汰され、その後10台未満の車両で参入する事業者が複数生まれたと考えられる。この業界は、そもそも中小零細規模の事業者が多いことを特徴としてきたが、その特性は規制緩和によっていっそう強化された。

非効率な運送を引き受ける理由

運送事業者が小規模零細化したことと、非効率な輸送を低価格で引き受ける商慣行が根づいていったことは無関係ではないと考えられる。

小規模事業者のなかには、家族のみで事業を営むケースも少なくない。例えば、父親と息子がドライバーを務め、母親と息子の妻が事務を担っているような事業者が、この業界には多く存在する。そうした事業者の一部は、生計を維持することを優先し、割に合わない仕事も引き受けることがある。

例えば、運賃が低すぎると、高速代金を捻出できず、下道を走らざるを得なくなる。その分ドライバーの労働時間は長くなるし、輸送効率も下がる。運賃が下がることで、労働時間に関するルールを遵守できなくなったり、賃金水準が最低賃金を下回ったりするかもしれない。社会保険料の支払いが困難になる可能性もある。しかし、自営業的な業者にとっては、時に、これらのワークルールを遵守することよりも、今月のローン返済や子供の教育費の支払いの方が差し迫った問題となる場合がある。

現実に、物流2法が施行された後に、経営環境が逼迫して社会保険に加入しない運送事業者は増加した。２０００年代半ばには、社会保険に未加入の事業者が全体の27％、労働保険未加入が13％を占めるほどだった（国土交通省発表資料）。

本来、市場競争の原理に従えば、十分な利益を獲得できない事業者は、市場から退出していく。しかし、自営業的な業者のなかには、わずかな利益しか得られなくても、生計さえ維持できれば、事業を継続するケースが生まれやすい。むろんすべての小規模事業者が、不適正な事業運営を行っているわけではない。だが、低すぎる運賃や割に合わない附帯業務を請け負ってでも仕事を獲得しようとする事業者が一部にでも存在していれば、他の事業者は、そうした事業者と競争しなければならなくなる。小規模零細化が進行したことで、公正な競争による淘汰が阻害された可能性がある。

社会的規制の強化はどうなったのか

こうした事態を是正するには、安全基準やワークルールの遵守を徹底する仕組みが重要となる。実は物流2法の制定時も、そうした議論がなされていた。物流2法は、規制を緩和して競争を促進させるだけではなく、安全輸送や労務管理に関わる規制を強化する内容をあわせ持ち、経済的規制を緩和し、社会的規制を強化すると謳われていた。

社会的規制の強化策として、例えば適正化事業の創設がある。適正化事業指導員が、全国に配置され、運送会社の営業所を巡回し、法令が遵守されているかどうかを確認することになった。前述の社会保険などの未加入事業者の比率は、そうした活動から明らかにされたものである。要するに、物流2法は、市場への自由な参入を認めて競争を促すとともに、参入した事業者にはルールに則った行動を義務づけることで、安全基準や労働基準の適正化を進めることを目指していた。

しかし、現実には経済的規制の緩和により激しさを増した競争に引きずられ、社会的規制の強化は十分に発揮されなかった。そもそも経済的規制と社会的規制の効果や目的は、相互に絡み合い、強い影響を与え合う。一方を緩和し、他方を強化するという政策自体が矛盾をはらんでおり、その両立は容易でないことが分かる。

多層的な下請け構造

下請け構造の背景

運送業は、貨物量の波動が大きいことを理由に、古くから「下請け」や「傭車（他社の車両を借り受けること）」が存在してきた。今日でも、7割のトラック事業者が下請けのトラック事業者を利用している（経済産業省・国土交通省・農林水産省「トラック輸送における多重下請構造についての実態把握調査に係る調査結果」2023年4月）。「他のトラック事業者から依頼を受けるケースがある」と回答した事業者のうち約半数が、さらに他の事業者に業務を委託している。すなわち、単なる下請けにとどまらず、孫請け、曾孫請けといった多層的な取引が行われている。事業規模が小さくなるほど、下請けの仕事を受ける比率は高まる。資本金1000万円以下の事業者では、元請けからの荷物を受けていているのは半数に過ぎず、2割ほどの事業者は3次請け以上を担っている。

下請けを必要とする主たる理由は、貨物量の波動が大きいことにある。季節、月、週、日ごとに荷物量が異なるなかで、すべての荷物を漏れずに輸送するには、下請けへの委託をバッファーとして組み込み、柔軟性を担保せざるを得ないと考えられてきた。加えて運送事業者は、必ずしも全国に輸送ルートを持っているわけではないため、自社が営業所を持っていない地域の輸送には下請け業者を活用してきた。また、行き荷は荷主と運送契約を結んでいても、帰り荷がない運行は珍しくない。少しでも運賃を確保しようと思えば、往路は下請けの荷物を運ぶことが、運送会社にとっても合理的な選択となってきた。

そして規制緩和後に進んだ小規模零細化も、下請け構造を強化させたと考えられる。規制緩和により、新規参入時の車両保有台数は最低5台と定められた。5台の車両で事業を行っている運送会社の場合、経営者もドライバーであることが少なくない。すなわち、社内に営業担当者を配置することが難しい小規模事業者は、新規受注の開拓が容易でなく、どこかの下請けとなる以外の選択肢は限られている。営業力のある元請け業者から委託される運送業務に徹することで、経営の安定性を高めてきたと言える。

多層的な下請け構造がもたらす問題

他方で、こうした下請け構造がさまざまな歪みをもたらしてきた。

まず、実勢運賃の低下である。荷主から仕事を請け負った元請け業者は、その運送を下請け業者に依頼する際、たいていマージンを差し引いた運賃で発注する。1次下請けから2次下請け、2次下請けから3次下請けと多段階に取り引きされればされるほど、抜き取られる手数料が増えていく。結果として、最終的に実運送を担う業者が受け取る運賃額は、大きく下落することになる。先の調査によれば、下請けで運送を委託する場合、受託金額の5%から10%を手数料として取得している割合が7割を超えており、さらに20%程度の手数料を取得している割合も2割ほど存在する。

次に、契約内容が不透明になりがちになることである。同調査に基づくと、運送契約は、真荷主（実際に運送を依頼した荷主）と元請けとの間ではおよそ書面化されているが、元請けとトラック事業者（下請け）との間では書面化されてない比率が高まる。特に小規模事業者との契約で書面化が遅れている。また、書面化の中身を見ると、運送日時や運賃・料金は明記されていても、附帯作業の料金（荷物の積み卸しなど、運搬以外の作業）、車両留置料（待機時間の料金）、燃料サーチャージなどは書面化されていない比率が高い。つまり、多層的な下請け構造が適正な運賃額や料金を収受することを妨げている。

加えて、業務内容や業務指示が不明瞭になり、問題を引き起こしやすい点も挙げられる。荷主と実運送を担うドライバーとの間に複数の企業が介在していれば、受注内容は見えにくくなる。例えば、荷物を運ぶドライバーが、発着の現場で附帯業務をどこまで担うのかという点で、ドライバーと荷主との間で認識の齟齬が生じやすい。ゆえに、検品や商品の仕分けなどの附帯業務を頼まれたのに、料金が支払われなかったり、高速道路の利用を前提とした納品時間が指定されているのに、高速代金の支払いがなかったりしているとの声が聞かれる。

さらに、多層的な下請け構造が、不適正な商取引を温存させる仕組みとして機能してきた可能性がある。運送業界に限った話ではないが、そもそも他社に業務を委託する利点の一つに、さまざまな責任を負わずに済むことがある。例えば、元請け業者にとっては、より低い運賃、より短い納期、より多い附帯業務を提示した方が、荷主から仕事を受託しやすい。しかし、あまりに低い運賃では、それを請け負った会社のドライバーは、例えば高速道路を利用できず、法令に反した長時間労働を強いられるかもしれない。納品日が迫る短いリードタイム（顧客が注文してから商品が届くまでの時間）では、ドライバーは法令が定める休憩時間を確保できなくなるかもしれない。

だが、これらワークルールの遵守は、あくまでも仕事を請け負った下請け業者に求められることであり、それが遵守されなくても元請け業者の責任は問われない。下請け業者が、コンプライアンスを重視し、ワークルールを遵守できない仕事を断れば、もしくは業務内容の見直しを求めれば、労働環境は是正され得る。しかし、そうした交渉力を持ち得ていない下請け業者が数多く存在しているこの業界では、流れてきた業務をどうにかこなさざるを得ないのが実態だった。元請け業者のなかには、明らかに法令を遵守できない輸送であることに気づきながらも、目を背けてきた事業者がいたのではないだろうか。

労務管理上の責任を負わない元請け業者と荷主が決めた運賃額、リードタイム、附帯業務に従い下請け業者が荷物を運ぶ構造が、ワークルールや安全輸送に対する無責任な商取引を成立させ、ドライバーの労働環境を悪化させてきた面がある。

ドライバーの労働実態

賃金と労働時間

ここで、ドライバーの労働実態を概説しておきたい。かつてトラック業界は、「きついが稼げる」と言われてきた。しかし、物流2法施行後、それは変わってきた。

規制緩和後に運賃が低下していった時期、ドライバーの賃金も低下していった。日本の賃金水準は、長年にわたり停滞していた。2000年以降、男性労働者の平均年収は上昇しなくなり、緩やかに下降していく。だがドライバーの年収は、1990年代前半から上昇が止まり、1990年代後半からは下降していき、男性平均を大きく上回る下落幅となった（図表1―2）。なお、トラックドライバーは96％を男性が占める男性職種であり（総務省「国勢調査」）、日本は男女間賃金格差が大きいため、ここでは男性の平均賃金と比較する。

だが2010年以降、ドライバーの賃金水準は上昇していく。背景には、人手不足や後述する法政策の変化がある。すなわち、長期的にドライバーの賃金推移を見ると、規制緩和後に2割近く低下したが、2010年前後に底を打ち、ここ15年ほどは緩やかに上がってきた。男性労働者平均との格差は縮小し、男性の平均年収を100とした場合、2011年には大型トラックで77・4、非大型で71・3だったのが、2023年には大型で86、非大型で79・1となった。

またドライバーの賃金の特徴に、残業代などを含む「決まって支給する現金給与額」では、平均賃金に近づくものの、残業代などを含まない「所定内給与額」だと格差が広がることがある。つまり、長時間労働をこなすこ

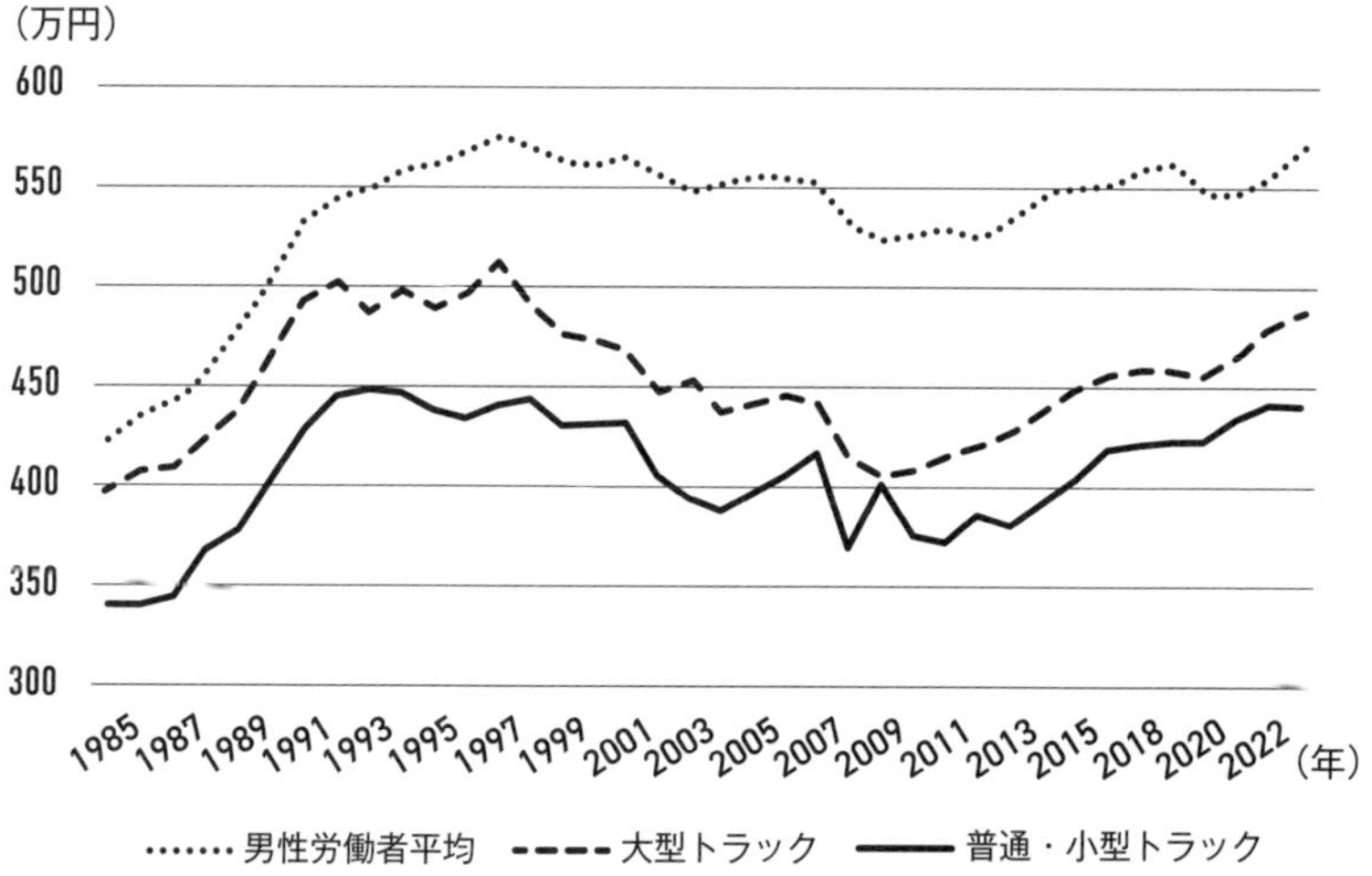

図表 1-2　年間収入の推移

出所：厚生労働省「賃金構造基本統計調査」をもとに作成

とで、より平均に近い収入を獲得している実態が窺える。ゆえに時間あたり賃金額で見ると、2023年でも男性労働者平均に対する比率は、大型で73・3%、非大型で66・9%にとどまる。ドライバーにとっては、年収が低下し「稼げなく」なったにもかかわらず、「きつさ」はあまり変わらなかった。

日本の労働時間は、長期的に見ると緩やかに減少してきた。短時間労働者や相対的に労働時間が短い女性労働者の増加が影響を与えているが、パートタイム労働者を除く一般労働者の実労働時間数も、近年は縮小傾向が見られる。トラックドライバーの労働時間も、日本全体の労働時間短縮と同じく短縮してきたが、全産業平均との格差は縮小していない。

産業別に年間総実労働時間数を見ると、運輸業、郵便業は1980時間と、全産業平均1633時間の1・2倍の長さとなる（厚生労働省「令和3年版過労死等防止対策白書」）。1カ月間の実労働時間数を職種別に見ると、男性の大型トラックのドライバーは212時間、非大型は210時間であり、男性の産業平均182時間と比べると30時間ほど長い（厚生労働省「賃金構造基本統計調査」2023年版）。

長時間労働は、働く者の心身に影響を及ぼす。厚生労働省「過労死等の労災補償状況」によれば、過重労働によって引き起こされると言われる脳・心臓疾患の労災件数は、運輸業、郵便業が他業種を大きく引き離して最も多い。2023年度に脳・心臓疾患を患い労災認定された総数は216件だったが、そのうち66件が道路貨物運送業だった。うち16件は死亡件数である。職業別に見ても、自動車運転従事者が同労災のおよそ3分の1を占めており、突出して多い。トラックドライバーは、日本中のいかなる産業、いかなる職業よりもひときわ長く働き、そして働きすぎにより、極めて多くの人命が奪われている。

人手不足と「物流危機」

こうした労働環境を一因として、ドライバーの人手不足が深刻である。2023年の有効求人倍率（パート含む常用）は、職業計1・19に対し、自動車運転従事者は2・59と倍以上の高さだった（厚生労働省「一般職業紹介状況」）。有効求人倍率は、求職者数に対する求人数の割合だが、この職業は求人数の増加以上に、求職者数の減少によって倍率が上がっている。言い換えると、ドライバーの仕事が増えたこと以上に、なり手が減っていることで、人手不足が起きている。

新たな労働者の参入が減っているため、この業界は高齢化が著しい。1980年代まではドライバー職はむしろ若者が従事する職業だった。しかし2000年以降は年を追うごとに平均年齢が上昇していき、今日では大型トラックドライバーの平均年齢は50歳を超えている。

その結果、ドライバー不足による物流の停滞や混乱は、小規模なものは何度も繰り返されてきた。例えば、新型コロナウイルス感染症の流行以前には、ドライバー不足により年末年始などの繁忙期に遅配が起きたり、年度末には「引っ越し難民」が話題となったりした。２０１７年には、ネット通販の拡大を受けてヤマト運輸の「サービス残業」問題が露呈した。２０１４年の消費税の増税前には、駆け込み需要が膨らみ、物流の混乱が表面化した。

こうした事態を受けて、実は「２０２４年問題」が騒がれる前から、ドライバーの労働時間短縮に向けた取り組みは始まっていた。

規制緩和から規制強化へ

割増賃金の引き上げによる「2023年問題」

2008年に労働基準法の改正が成立し、2010年から月60時間超の時間外労働について割増賃金率を25%以上から50%以上に引き上げることが決まった。ただし当初、中小企業には当分の間は適用しないことになっていた。2013年9月から中小企業への適用に関する審議が始まり、最終的に2023年4月から適用することが決まった。同時に「特に長時間労働者比率が高い業種を中心に、関係行政機関や業界団体等との連携のもと、長時間労働の抑制に向けた環境整備を進めることが適当」だとされた（労働政策審議会労働条件分科会「今後の労働時間法制等の在り方について（報告）」2015年）。審議の過程では、職業別の労働時間データが出され、それによれば2007年から2012年までの5年間で週60時間以上の雇用者割合は減少してきたが、教員と自動車運転従事者のみ増加傾向にあること、かつその比率は2012年時点で医師（38・1％）と自動車運転従事者（35・3％）が顕著に高いことが示されていた。

そこで改正法が施行される2023年4月までに、トラックドライバーの労働時間短縮を進める取り組みが始まった。これは「2023年問題」と呼ばれた。

改善協議会の設置

2015年、厚生労働省と国土交通省は都道府県ごとに「トラック輸送における取引環境・労働時間改善協議会（以下「改善協議会」と略す）」を立ち上げた。「労働時間」と並んで「取引環境」が掲げられたのは、労働時間を短縮するには、運賃や商慣行の見直しが不可欠だという意味が込められている。改善協議会の構成員には、労使と行政および公益委員に加えて、荷主企業や団体が入った。その理由は、「トラック運送業においては、総労働時間が長く、また、荷主都合による手待ち時間などの実態があり、トラック運送事業者のみの努力で長時間労働を改善することが困難な状況にある」ためだった（厚生労働省労働基準局長・国土交通省自動車局長から、都道府県労働局長・地方労働運輸局長等宛ての文書「『トラック輸送における取引環境・労働時間改善協議会』の設置について」2015年5月11日)。

都道府県ごとの改善協議会と同時に国土交通省に設置された改善中央協議会の議事録によれば、初会合でトラック業界や労働組合から「トラック運送事業の利益を見ると63%が経営赤字」であること、「輸送実態を見ると(中略)商品陳列など、未だに契約にない附帯業務をやらされるケースが多く」あること、「荷主事業者の都合によるキャンセルや変更に伴う費用負担が、トラック運送事業者に重くのしかかっている」ことなどの声があがった(国土交通省「第1回トラック輸送における取引環境・労働時間改善中央協議会」議事録、2015年)。

そうした実態を是正するためのパイロット事業が、各地の改善協議会で展開された。例えば、秋田県では、東京に本社を置く大手製紙メーカーの工場で、およそ6割の運送車両が、2時間以上の待機をしていた。そこで、従来、先着順だった受付を時間指定制に変更することが検証された。岐阜県では、県内に本社を置くスーパーマーケット事業者が、高速道路を使用したことで短縮できる労働時間を検証した。結果として最大でおよそ1時間の短縮が見込めることが明らかとなった。このようにそれぞれの地域で活動している関係者が地元で集い、実態にあった対策が話し合われ、試行が重ねられていった。

同時に、厚生労働省と国土交通省は、ドライバーの労働実態を調査した。「トラック輸送状況の実態調査」によれば、トラックドライバーの1運行の拘束時間（始業から終業までの時間。労働時間のほか休憩時間も含む）は、平均で12時間半だが、長距離輸送に限定すると、16時間43分にのぼる。当時、改善基準告示では、1日の拘束時間を原則13時間以内、最大16時間と定めていた。つまり長距離輸送では、平均値ですでに基準を超えており、16時間を超えた運行を行っている割合は43・1％に達していた。同様に、長距離輸送では、改善基準告示が定める8時間の休息期間を遵守できていない割合が31・5％、4時間の連続運転時間を遵守できていない割合が32・7％だった。

特に問題視されてきた荷待ち時間は、荷待ちが発生している運行で1運行あたり1時間超2時間以内が26・4％と最も多く、2〜3時間超が28・7％にのぼった。また、荷役作業は、平均で発荷主51分、着荷主42分であり、かつ荷役料金を「収受していない」との回答は、4割にのぼった。なお、荷待ちも荷役も1運行で1カ所とは限らない。集配箇所数別に1日の拘束時間を見ると、1カ所だと10時間なのに対し、3カ所だと13時間になる。つまり、より多くの荷物を積もうと、複数の荷主を回ることで、ドライバーの拘束時間がより長くなっている実態が明らかとなった。

標準約款の改正

改善協議会では、運送事業者と労働組合から労働時間の短縮には適正な運賃が不可欠だと繰り返し指摘された。改善中央協議会の第3回会合では、全日本トラック協会が運賃に関するワーキンググループを別に設置するように要請した。これらの意見を受けて国土交通省は、2016年7月に「トラック運送業の適正運賃・料金検討会」を設置した。

同検討会では、まず運賃の実態調査が行われ、その結果、多くの運送会社が、運賃と別立てで料金を収受できていないことが明示された。例えば、トラック輸送で不可欠な燃料代金について、全体の34・3%が「十分には収受できていない」と答え、そのうち7割がまったく受け取っていないと回答した。同様に、車両留置料（荷待ち時間料金）は28・1%が、附帯業務料は20・4%が、高速道路利用料は20・6%が「十分には収受できていない」と答えた。それぞれの料金について「運賃に含む形で収受」していると回答した事業者も一定数存在するが、検討会では、そうした事業者のなかには「実際はもらえていないけど仕方なく運賃に含んでいることにして回答している事業者もいる」と指摘された（国土交通省「第3回トラック運送業の

適正運賃・料金検討会」議事概要、２０１７年）。

こうした実態を受けて、運送以外のコストを適切に収受するための方策が議論され、「標準貨物自動車運送約款（以下「標準約款」と略す）」が改定されることになった。２０１７年８月に発表された標準約款には、運送以外の役務として「積込料」「取卸料」「待機時間料」などが定義され、それぞれの対価を支払うことが規定された。標準約款とは、国土交通省が示すトラック事業者と荷主との契約書のひな形である。運送事業者は、あらかじめ運送約款を決めて国土交通省に提出し、認可を受けることになっているが、標準約款をそのまま使えば、認可を受けたものと見なされる。それゆえ、多くの事業者が標準約款を使用しており、本改正の効果は小さくないと期待された。

「働き方改革」関連法の成立と「２０２４年問題」

こうした取り組みを進めていた最中、「働き方改革」関連法として8本の労働関係法規の改正が成立した。なかでも歴史的な改正と言われたのが、時間外労働の上限規制の導入だった。

上限は、原則として月45時間以内、年360時間以内と定められ、臨時的な特別の事情があり労使が合意する場合に限り、年720時間以内とされた。

自動車の運転業務については、長時間労働の蔓延や人手不足のなかで業務を調整する十分な時間的猶予が必要だとの主張がなされ、改正労働基準法が施行された5年後に施行することになった。加えて、段階的に適用しなければならないとして、一般則よりも240時間長い、年960時間（月平均80時間以内）という別基準が設けられた。ただし参議院厚生労働委員会では、「自動車運転業務の上限規制については（中略）できるだけ早期に一般則に移行できるよう、関係省庁及び関係労使や荷主等を含めた協議の場における議論を加速し、猶予期間においても、実効性ある実労働時間及び拘束時間削減策を講ずる」との文言が附帯決議に記された。

改善基準告示の見直し

なお、ドライバーには、その労働の特殊性ゆえに労働基準法に加えて、別の労働基準も設けられてきた。それが「改善基準告示（正式名称「自動車運転者の労働時間等の改善のための基準」）」である。例えば、運転手は、交通事故を引き起こさないために、連続して運転する時間を規制する必要がある。また、トラックドライバーは、運転時間以外の荷役時間、荷待ち時間、休憩時間の区分が難しく、労働時間管理がルーズになりやすい。そこで改善基準告示では、「拘束時間」という概念を導入し、労働時間ではなく拘束時間を規制した。なお、労務管理上、曖昧になりがちな荷物の積み卸し時間や待ち時間などは労働時間としてカウントするという解釈が示されている。

従来の改善基準告示は、年の拘束時間を3516時間と定めていた。この場合、時間外労働は年1176時間（休日労働込み）まで許容され得る。これを労働基準法上の上限規制である年960時間以内にするために、改善基準告示を見直す審議が2019年12月から始まった。改善基準告示は、トラックのみならずバスやタクシーの運転手も対象となるため、3業態が各部会に分かれて議論した。

トラック作業部会の議事録によれば、当初、労使間の意見の隔たりは大きかった。労働者側委員は、過労防止の観点から改善基準告示の強化を求めたのに対し、使用者側委員は、長時間にわたる荷待ち時間をはじめとする業界の商慣行が変わらない限りは、規制を強化しても遵守が難しい実態があると訴え、商慣行の改革を先行させるべきだと主張した。そのうえで商慣行を変えていくために、労働局や労働基準監督署が荷主に対する働きかけを強化するよう求めた。使用者側の再三の要請を受けて、厚生労働省は悪質な荷待ちをさせている荷主に対して、労働基準監督署が配慮要請を行う仕組みを2022年に導入した。

最終的に1年の拘束時間は3516時間から原則3300時間と216時間削減され、1カ月の拘束時間は原則293時間から284時間へ、1日の休息期間は継続8時間から「継続11時間を基本とし、9時間下限」に見直された。ただし、トラック作業部会は労使の見解の隔たりが埋まらない部分も残り、バスやタクシーの部会と比べても、各項目にさまざまな例外規定や努力義務規定がついた。

なお、同審議会の取りまとめ文書には、労働者側から要請を受け「適用後3年を目途に、そのための実態調査の設計等を含め、見直しに向けた検討を開始することが適当である」という一文が入った。すなわち、施行後3年が経過した段階で、さらなる見直しに向けた検討が予定されている。言い換えると、今回「2024年問題」の発端となったドライバー労働時間規制は、労働基準法上も、改善基準告示上も、現在の水準にとどまるとは限らない。

「標準的な運賃」の導入と延長

労働基準法改正を受けて、全日本トラック協会は2018年7月に「働き方改革対応検討本部」を立ち上げた。第1回会議で「規制の適正化」「事業者が遵守すべき事項」「荷主対策の深度化」「標準的な運賃の告示制度の導入」の4つを議題とし、「貨物自動車運送事業法」の改正を目指すことを決めた。

2024年まで時間的な余裕がないため、貨物自動車運送事業法の改正は、内閣立法ではなく議員立法での成立が必要だと判断した。議員立法を成立させるには、与党のみならず野党の同意も取りつける必要がある。トラック協会は、労働組合に協力を呼びかけた。交通運輸系の労働組合は、複数存在しており、それぞれ支持政党が異なるが、議員立法の成立に向けて、組合は党派を超えて協力した。結果的に、すべての政党の同意を得て、2018年12月に貨物自動車運送事業法改正が成立する。

それにより国土交通大臣が「標準的な運賃」を定め、告示する制度の導入が決まった。標準的な運賃とは、荷主と運送業者が運賃を決定する際に目安となる基準であり、「適正な原価」に「適正な利潤」を加えて算出される。原価の根拠となるドライバーの賃金額には、現在のドライバーの賃金額ではなく、全産業の平均賃金額を用いることになった。すなわち現状のドライバーの賃金水準が「適正」な水準よりも低いとの判断が含まれている。

なお、標準的な運賃は、当初、2023年度末までの時限立法だった。だが、2021年から燃料価格が高騰していき、2023年になっても運送事業者の経営環境は厳しい状況にあった。トラック業界からは、適正運賃の収受およびドライバーの労働条件改善の取り組みは道半ばであるとの声が上がった。国土交通省の調査によれば、時限措置の延長を望む声が76％に及んだ。全日本トラック協会は時限措置の延期を再び働きかけ、２０２３年６月に標準的な運賃は「当分の間」延長することが決まった。

ただし標準的な運賃は法的な拘束力を持たないため、実際にこの運賃額を収受できている割合は低い。国土交通省の調査によれば、２０２４年時点で、契約の運賃額が、標準的な運賃と比べて７割以下が49・６％、５割以下が９・７％存在する（国土交通省「『標準的運賃』に係る実態調査」２０２４年）。同様に、前述した通り標準約款の改定により、運賃と別立てで料金を収受することが定められたものの、荷役料金については５割弱、待機時間料については３～４割弱の事業者しか収受できていない（国土交通省「トラック輸送状況の実態調査」２０２１年）。

「持続可能な物流の実現に向けた検討会」の設置

2018年に労働基準法改正が成立し、2024年4月にはトラックドライバーにも改正法が適用されることになったが、その後しばらく動きがなかった。その主たる理由は、新型コロナの拡大にある。景気が落ち込めば、トラックの貨物量は減少するし、人手不足も緩和され、労働時間の短縮も進む。実際に「自動車運転従事者」の有効求人倍率（パート含む常用）は、2019年の3・01から2020年に2・26、2021年2・09まで下がった。2020年にはドライバーの労働時間も短縮した（図表2―2、68頁）。

しかし、新型コロナが収束に向かうにつれ、再び人手不足が深刻になっていった。いわゆる「2024年問題」への対応に率先して動き出したのは、主に荷主を所管する経済産業省だった。経済産業省は、国土交通省と農林水産省とともに、2022年9月に「持続可能な物流の実現に向けた検討会」を立ち上げた。翌年8月に「最終取りまとめ」が発表され、現状、課題、取り組むべき政策が提示された。それによれば、2024年4月以降の労働時間短縮により、全体で14・2%、4億トンの輸送能力が不足すると試算された。さらに2030年度までに労働時間削減とドライバー不足により34・1%、9・4億トンの輸送能力が不足することが示された。

そのうえで物流の停滞を回避するために提案された政策は、物流事業者のみならず、発荷主や着荷主にも、荷待ち時間や荷役時間の削減をはじめとする物流の効率化を求めるものだった。特に運送会社との間で運送契約を締結する発荷主だけでなく、荷物を受け取る着荷主にも物流負荷の軽減に取り組むことを要請した点が特徴的である。

さらに実効性を高めるための政策も具体化された。例えば荷主企業の経営者層の意識改革を促す施策として、一定規模以上の企業には、役員クラスの物流統括管理責任者の任命を求めた。大手企業では、通常、物流部門に担当者が配置されている。物流担当者は物流改善の必要性を認識していても、それが全社的な対応につながりにくい状況がある。そこで、サプライチェーンの全体最適化を見据えて、物流を捉えることができる役員クラスの人材配置が必要だと考えられた。

また、非効率な商慣習の背景には多重下請け構造がある。その是正のために建設業法を参考に、荷主企業や元請け事業者が、実運送事業者を把握するように運送体制台帳の作成を求めることとした。下請け業者に委託する場合、台帳に事業者名、契約内容、社会保険などの加入状況を記載する方針が示された。

物流関連2法の改正――規制強化の動き

さらに政府は、2023年6月に関係閣僚会議で「物流革新に向けた政策パッケージ」を決定した。その多くは前述の「持続可能な物流の実現に向けた検討会」の議論に基づく内容だったが、これらを「次期通常国会での法制化も含め確実に整備する」と明記した。つまり政府は、物流負荷の軽減を法規制により推進しようと動き出した。規制的措置の必要性は、「持続可能な物流の実現に向けた検討会」ですでに議論されていた。検討会の中間取りまとめには「類似の法令等を参考に、規制的措置等、より実効性のある措置も検討すべき」と記されている。

規制は、物流事業者のみならず、発荷主、着荷主にまで適用される。運送を担っていない企業にまで規制がかかる根拠はどこにあるのか。例えば、荷役時間の短縮には、パレット（荷物を載せる台）利用が有効である。パレットを利用しない場合、ドライバーが手で段ボールを一つひとつ積み卸ししているが、パレットを利用すれば、フォークリフトで積み卸しができるためだ。仮に10トン車に荷物を手積みすれば2～3時間かかるが、フォークリフトであれば30分で済む。

だが、パレットを利用すれば、パレット分だけ荷物を載せられなくなる。例えば、10トン車に8トンや9トンしか積載できない。かつパレットは無償で出回っているわけではなく、荷主のパレットを使用後に返却する必要もある。さらに荷物をパレットに自動で載せるための装置（パレタイザー）を設置したり、パレットサイズに商品サイズが合わない場合には、商品の規格を見直したりする必要もある。

要するに、これまで手荷役で運ばれてきた荷物をパレット化するには、荷主にコスト負担を強いる。もし荷主が手荷役料金を支払っていれば、十分ではないかもしれないが、その料金を圧縮することがパレット化を進める経済的動機になり得る。だが、手荷役は、無償で提供されてきた現場が少なくない。つまり、荷主がこれらのコストを負担しても、他社で雇用されるドライバーの労働時間を削減することにはなるが、自社にとっての直接的なリターンは小さい。それゆえに、荷主はドライバーの労働時間を削減しなければならないという問題意識を抱いても、行動変容につながりにくかった。しかし、荷主の行動が変化しなければ、ドライバーの労働時間は削減されず、物流が停滞しかねない。ゆえに政府は、荷主に行動変容を求める規制的措置に踏み込んだと考えられる。

政策パッケージでは、一部の施策について「今年中に実行に移し、2024年における輸送力不足の解消に目処をつける」と記された。そのなかには標準的な運賃の見直しが含まれていた。「標準的な運賃・標準運送約款の見直しに向けた検討会」は、2023年8月に設置され、同年12月に提言がまとまった。それによれば、運賃表は平均8%引き上げられ、燃料費の基準価格も上がった。荷待ち・荷役時間の削減を目的に、両時間の合計が2時間を超える場合には割増率5割を加算することや、多重下請け構造を是正するために「下請け手数料」を設定することなどが新しく決まった。

そして2024年の通常国会で「物流関連2法」の改正が成立し、2025年から段階的に施行されることになった。物流総合効率化法の改正により、一定規模以上の貨物の取り扱いがある物流事業者および荷主企業には、荷待ちや荷役の削減など物流の効率化に対する取り組みについて中長期計画の作成や定期報告が求められることになった。もし取り組みが不十分だった場合には、荷主事業所管大臣が、勧告、社名公表、命令を行う。物流統括管理者の選任も義務化された。なお、物流の効率化に向けた取り組みは、すべての企業に努力義務として課されるが、中長期計画の作成などが義務化されるのは一定規模以上の企業である。そのため、中小企業への広がりについて限界が指摘されている。

あわせて貨物自動車運送事業法も改正され、運送契約の書面化、元請け事業者に対し実運送体制管理簿の作成が義務化されることになった。

起きるべくして起きた「2024年問題」

トラック業界の過去35年間を振り返ると、規制緩和から規制強化への変化が見てとれる。1990年と2003年に大規模な規制緩和が実施されたことで、事業者数が増加し、過当競争に陥り、運賃が低下していき、賃金水準が下がった。小規模事業者が増加し、激しい競争のなかで附帯業務を無償で担う商慣行が広がっていった。荷主や消費者にとっては、安くて便利なトラック輸送が構築された。

だが、労働条件の低下により、ドライバーはなり手不足となり、高齢化が加速した。2010年以降、特に人手不足が深刻化し、「物流危機」が懸念される事態に陥る。社会全体で進む少子高齢化や人口減少、労働時間の短縮の影響も受け、2015年ごろから、トラック業界では規制強化に向けた施策が次々と講じられてきた。それらの政策は、運送事業者だけではなく、物流を利用する荷主も巻き込む内容だった。最初のころは、物流の効率化やドライバーの労働時間短縮について、先進的な取り組みが紹介され、実証実験が繰り返され、荷主に協力が呼びかけられた。

だが、状況はなかなか改善されず、実際に物流の混乱も起きた。政策は段階的に強化されていき、政府による目安運賃額が提示されたり、附帯業務の料金の支払いを求める約款の改正が行われたりした。そして2024年には、荷主に対して物流効率化の取り組みを法的に規制するまでに至った。物流の「2024年問題」は、こうした流れのなかで起きた出来事だった。

注：本章は、首藤若菜『物流危機は終わらない——暮らしを支える労働のゆくえ』岩波新書、2018年、および首藤若菜「トラック業界における労働時間短縮に関わる政策の変遷」『日本労働研究雑誌』第764号、2024年、66～76頁をもとに、大幅な加筆修正を加えたものである。

第2章

現場は何が変わり、何が変わらなかったのか

首藤若菜

「物流の混乱」が生じていない理由

本章を執筆している2024年12月現在、あれほど声高に訴えられてきた物流の停滞は起きていない。本章では、統計データとヒアリング調査をもとにその理由を検討し、「2024年問題」をきっかけに物流現場で何が変わり、何が変わらなかったのかを考える。

まず、国内貨物輸送量の変化を見ておきたい。トラックによって運ばれる貨物の輸送量をトンベース（運んだ荷物の重さの合計）で見ると、2020年に新型コロナウイルス感染症の影響で落ち込んだ後、2024年8月までは新型コロナ前の水準に戻っていない。輸送トン数は、2019年に41億1740万トンだったが、2020年に37億8700万トンまで減少し、そして2023年も37億8050万トンと2019年比でおよそ1割低下している（図表2―1）。2024年に入ってからも、月あたりの貨物量の対前年比は大きく変わらない。輸送トンキロでも、2019年と比べて数値は下がったままである。

前章で述べた通り、ドライバーの労働時間が短縮されることにより不足する輸送能力は、

14・2%と試算されていた。しかし、この試算は2019年の貨物量をベースに算出されたものである。すなわち2019年と比べて、貨物量がおよそ1割低下したことは、輸送能力の逼迫を緩和させたと考えられる。

なお、この貨物量の低下は、「2024年問題」に備えて進められてきた物流効率化の成果でもある。トラック輸送から鉄道や船舶による輸送に切り替えるモーダルシフトを進めたり、地産地消や新しい物流拠点の設置により輸送距離を短縮させたりして、トラックで輸送される貨物量が削減されてきた。

ただし、貨物輸送量と必要とされるドライバー数およびその労働時間は、単純な相関関係にあるわけでない点に留意が必要である。長期的に見ても貨物輸送量は減少してきたが、輸送車両別に見

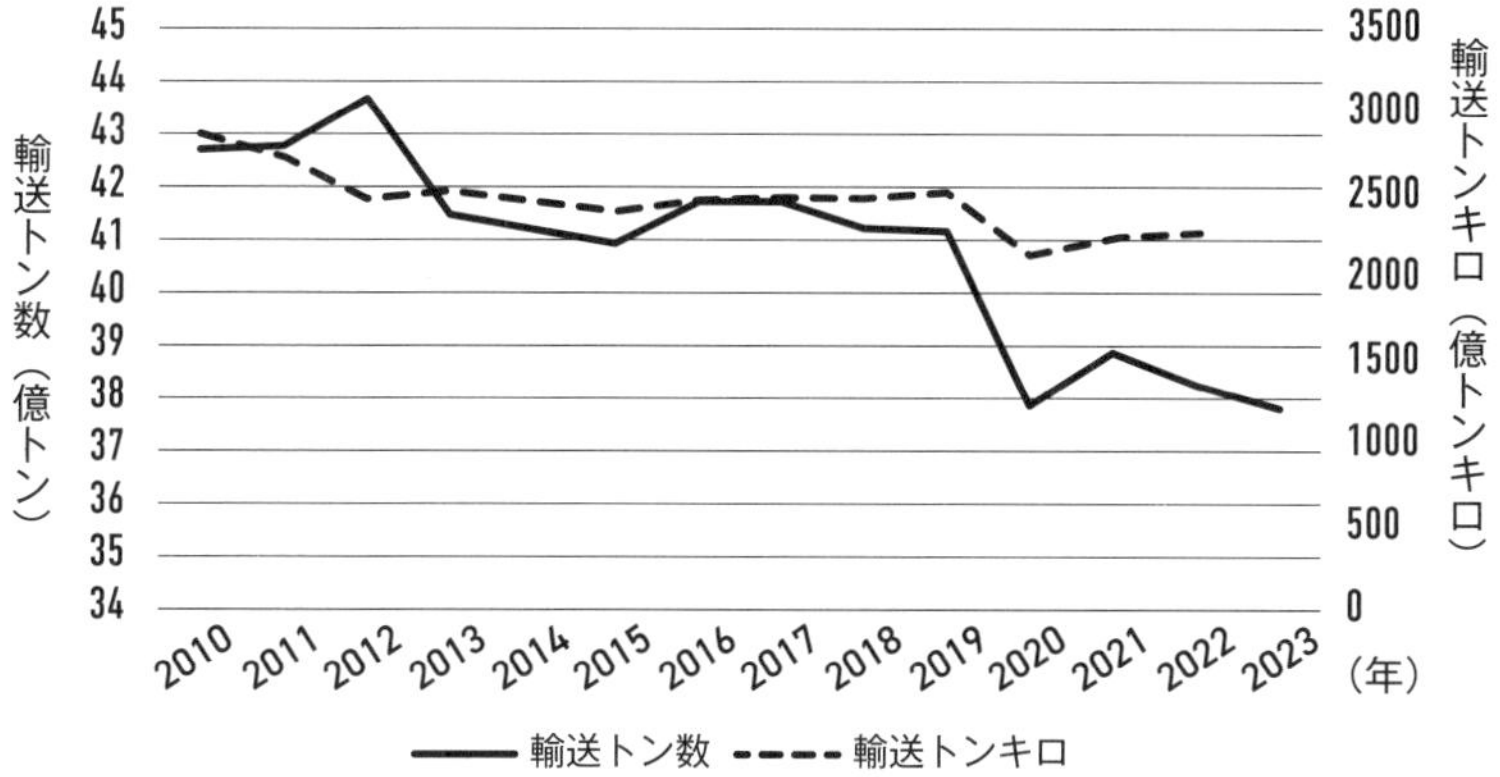

図表 2-1　輸送トン数・輸送トンキロ数の推移

出所：国土交通省「自動車輸送統計年報」をもとに作成

ると、軽自動車での輸送は10年前と比べておよそ3割増となっている。その理由の一つに、ネット通販の拡大により軽貨物が増えたことがある。小口貨物が増加すれば、輸送トン数の減少ほどに荷物の個数は減らない。そうであれば、配送に要する時間や必要とされるドライバー数も、貨物輸送量の低下ほどには減少しない。

今後日本は、人口減少により市場が縮小していくと考えられており、それに応じて貨物総量も低下していくと予測される。貨物量の縮減ペースが、ドライバーの労働時間の短縮とドライバー数の減少を加味した輸送能力の低下に一致していれば、物流の混乱は抑えられる可能性がある。だが、予想されている輸送能力の不足は、２０３０年に34・1％（２０１９年比）である。２０２４年現在でおよそ１割低下した貨物量が、２０３０年までにさらに２割以上落ち込むとは考えにくい。何も策を講じなければ、貨物量の減少以上に輸送能力が低下し、物流の混乱が起きかねない。

ドライバーの労働時間と賃金

労働時間は短縮されたのか

２０２４年４月から労働基準法と改善基準告示の改正が施行されたが、ドライバーの労働時間はどう変化したのか。結論を先に述べれば、２０２４年12月現在、大手企業では以前から労働時間の削減が進んでいたが、中小企業では大きな変化は見られない。道路貨物運送業全体としては、２０２４年を境に労働時間が大幅に短縮されたわけではない。

実労働時間数を企業規模別に見ると、従業員数１０００人以上の大企業では、２０１８年ごろから労働時間の短縮が始まった（図表２—２）。新型コロナによる景気悪化もあると思われるが、２０２１年まで労働時間は短縮を続け、その後わずかに戻るものの、２０１９年以前の水準と比較すると労働時間は明らかに短くなった。

大企業で労働時間の短縮が始まった時期を簡単に振り返ってみたい。大手広告会社の電通に勤める若手女性社員が過労自殺したのが２０１５年の冬だった。それが２０１６年９月に労働災害として認定され、その年の暮れには同社幹部ら10人が労働基準法違反容疑で書類送検された。そして同年、宅配便大手のヤマト運輸が、「サービス残業」問題で労働基準監督署から是正勧告を受けた。同社の労働組合は、２０１７年春闘で荷物の総量抑制を求め、企業は受け入れた。その後、宅急便の料金が値上げされ、「ヤマト・ショック」と呼ばれた。

この時期、国会では長時間労働を規制する議論が進み、２０１８年に「働き方改革」関連法が成立した。残業時間の上限規制は、トラックドライバーには5年間の猶予措置が与えられたが、大手物流企業では、間接部門を対象に２０１９年から適用が始

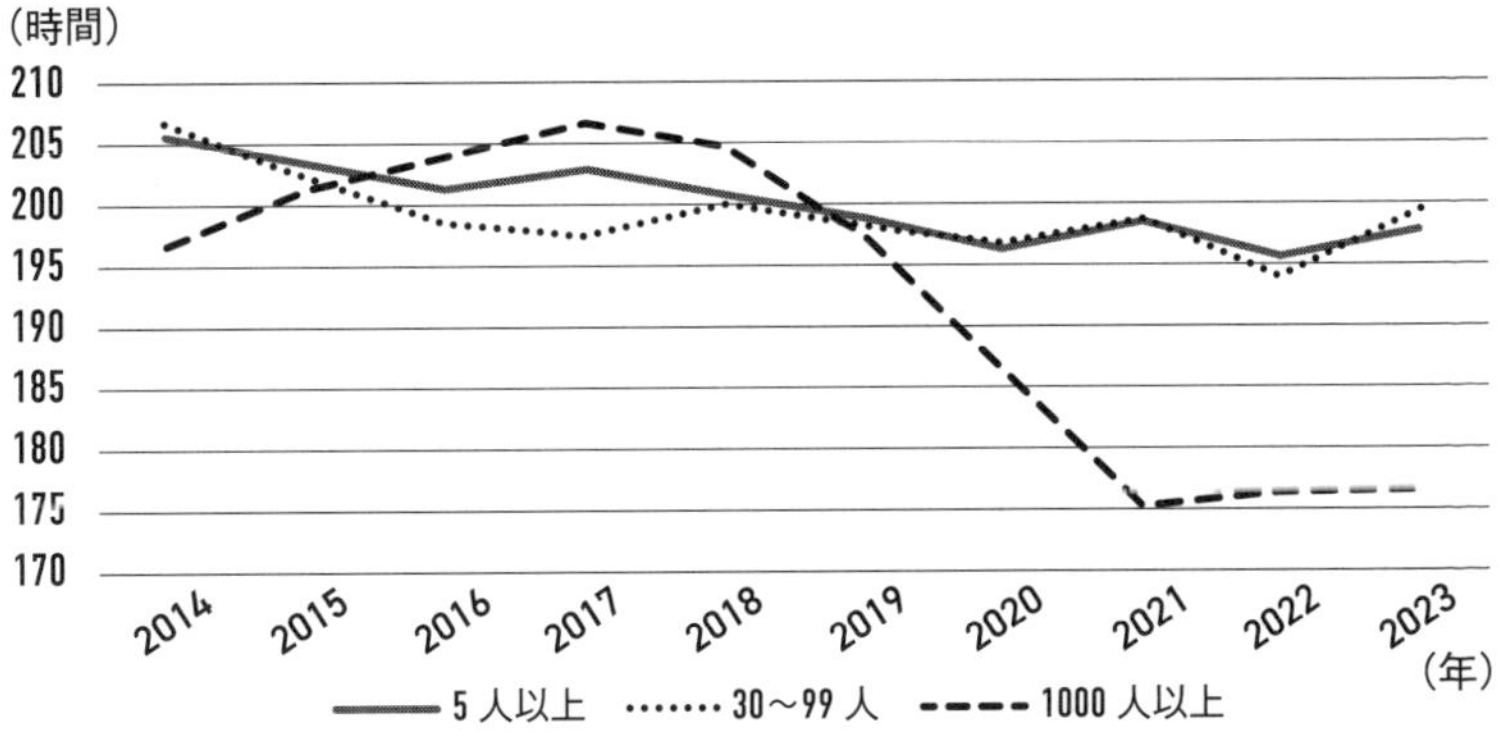

図表 2-2　企業規模別に見た道路貨物運送業の月あたりの実労働時間数の推移

出所：厚生労働省「毎月勤労統計調査」をもとに作成

まった。

こうした流れのなかで、大企業では、2019年の法施行に備えてドライバーも含めて労働時間の短縮に乗り出したと考えられる。労働時間の内訳を見ると、大企業では、所定内労働時間が2018年から減少し始め、2022年から2023年には所定外労働時間も低下している。つまり、2019年に「働き方改革」関連法が施行されるにあたり、就業規則の見直しを図った可能性がある。残業時間は、そもそも業務の繁閑に合わせて増減するため、今後どう動くかは不透明だが、ここ数年は減少している。結果的に2014年から2023年までの10年間で実労働時間数は10%、所定内労働時間数は12%減少した。

対して、産業平均（従業員5人以上規模）の実労働時間数は、緩やかに低下傾向にあるものの、大企業ほど明白な短縮は確認できず、過去10年間で4%減にとどまる。かつこの削減は、所定外労働時間が短縮したことの寄与度が高く、所定内労働時間はほぼ変わりない。そしてデータに限りがあるが、2024年4月以降の動きも触れておきたい。2024年4月から11月までの実労働時間数の平均は195時間であり、前年同月の199時間と比べると短縮された。だが2022年の年平均は195・7時間であり、2024年4月を境に産業全体で労働時間が顕著に短縮されたとは言い難い。

なお、これらは厚生労働省「毎月勤労統計調査」のデータに基づくが、「賃金構造基本統計調査」を用いて職種別（営業用貨物自動車運転者、大型・非大型）データを見ても、およそ同じ結果が確認された。特に労働時間が長かった大型トラックのドライバーについても、大企業では労働時間が短縮している。

また、総務省の「労働力調査」で運輸郵便業の正規の職員・従業員の労働時間を見ると、月間就業時間数が相対的に長い「月241時間以上」の比率は、2018年ごろまでは全体の2割近くを占めていたが、その後アップダウンはあるものの低下傾向を示し、近年は13〜14％で推移している。つまり、長時間労働者の割合も減少しており、その傾向は新型コロナ後も継続している。いわゆる「2023年問題」と呼ばれた月60時間超の残業割増率の引き上げが、長時間労働者を減少させた可能性がある。

なお、このようにトラックドライバーの労働時間は短縮傾向にあるものの、他産業や他職業との格差は未だ大きい。例えば、大型トラックドライバーの超過実労働時間数は、男性労働者平均の2・5倍の長さであり、この格差は過去10年間変わっていない。（厚生労働省「賃金構造基本統計調査」）。

賃金は上がったのか

労働時間の短縮が、いわゆる残業代の低下を引き起こし、ドライバーの離職を誘発することが懸念されてきた。厚生労働省の「毎月勤労統計調査」によると、道路貨物運送業の平均賃金（5人以上規模）は、2017年以降わずかに上昇してきたが、ここ数年は横ばいとなっている。

他方、道路貨物運送業の大企業では労働時間の短縮が進んだ時期から賃金が下落してきた（図表2―3）。大企業で労働時間の短縮が始まった年を2018年と想定し、その前年である2017年と2023年を比較する

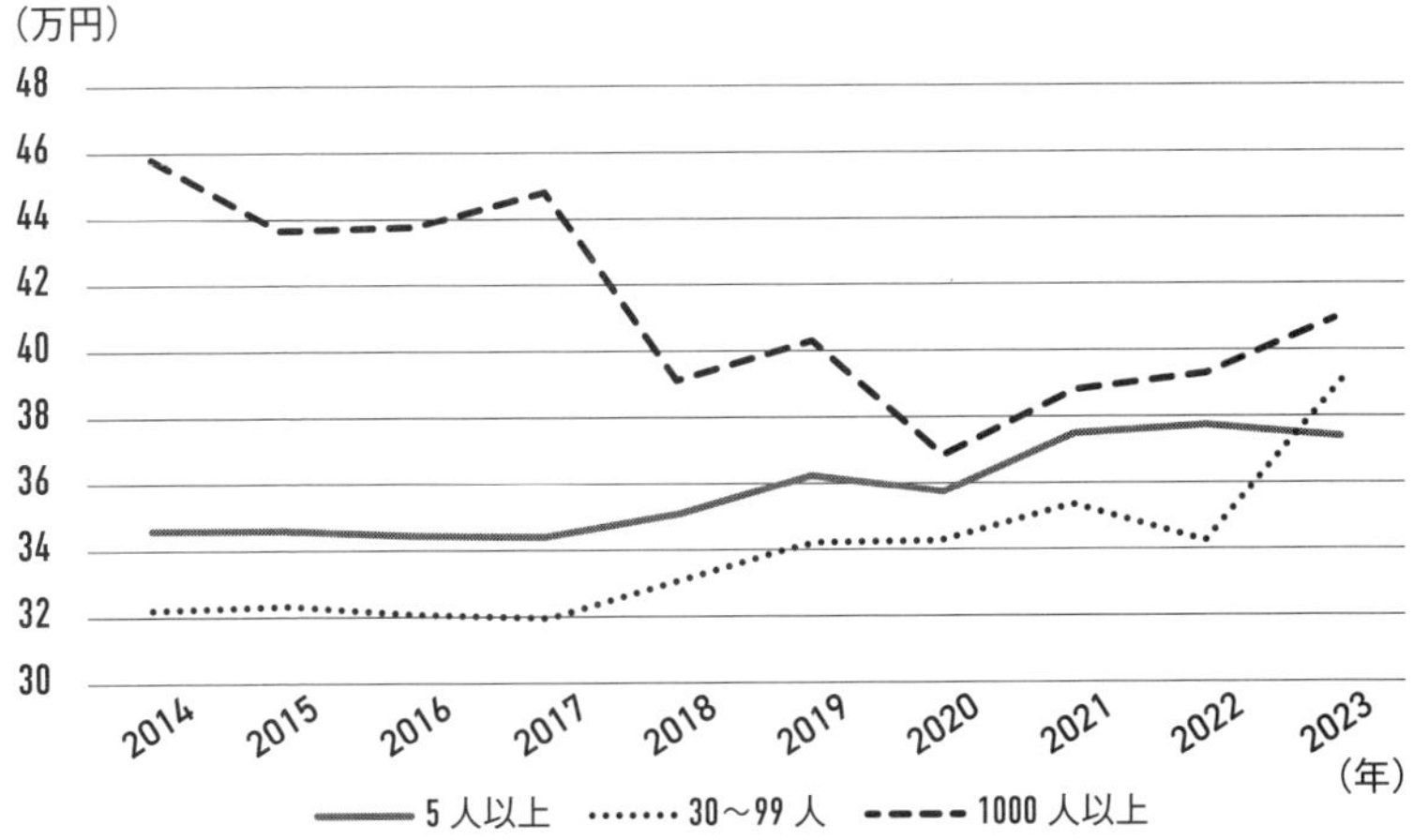

図表 2-3　企業規模別に見た道路貨物運送業の月あたりの現金給与総額の推移

出所：厚生労働省「毎月勤労統計調査」をもとに作成

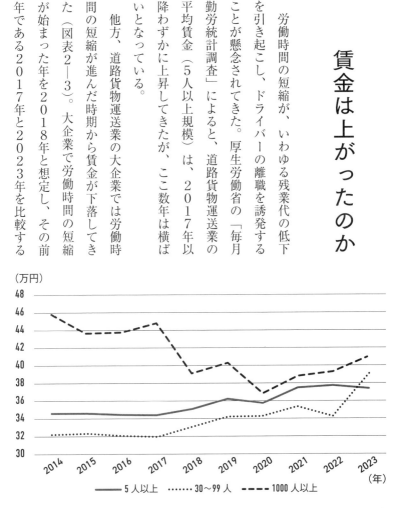

と、現金給与総額は、産業平均（5人以上規模）で8・7％増だったのに対し、大企業では8・6％減となった。ただし、大企業の賃金は、2020年に底をうち、2021年からは反転している。

賃金の内訳を見ると、産業平均では所定内給与、超過労働給与、「特別に支払われた給与」のいずれも増加しており、特に主に賞与を指す「特別に支払われた給与」の増加率が高い。ただし、この業界は賞与が相対的に少ないことを特徴としており、金額が小さいために増加率が大きく現れやすい。なお、大企業では所定内給与、超過労働給与、特別に支払われた給与のいずれも下落していたが、2023年からは所定内給与が増加傾向にある。つまり近年では、社会全体で春闘での賃上げが進んでいるが、運輸業界でもベースアップが起きていると考えられる。

まとめると中小企業では、労働時間の削減はあまり進んでいないものの、所定内給与の引き上げが進み、賃金単価はわずかではあるが上昇した。他方、大企業では、労働時間は削減したものの、それに伴い給与も下がり、結果的に現金給与総額で見る企業規模間の格差は縮小している。

運賃は上がったのか

日本銀行の「企業向けサービス価格指数」（２０２０年基準）で道路貨物輸送の価格を見ると、消費税増税により２０１４年４月に上がり、２０１７年ごろから大きく上昇してきた。

いわゆる「ヤマト・ショック」後、ヤマト運輸のみならず同業他社でも宅配便の料金値上げが進んだ。２０１７年秋から２０１９年にかけて、宅配便の企業向け価格が上昇してきたことは、データでも確認できる。道路貨物輸送の価格は、宅配便ほどではないが上昇を続けており、「物流危機」を引き金にトラック業界全体で価格改定が進んだと考えられる。なお２０１９年10月に消費税が８％から10％となった影響もある。

しかし、２０２０年に入ると、価格の上昇は止まった。宅配便の価格は２０２４年８月現在までほぼ横ばいで推移している。他方、道路貨物輸送は２０２３年から再び上昇傾向にあるが、総平均の価格上昇には追いついていない。

近年、政府は価格転嫁を呼びかけており、中小企業庁はその実態を調査してきた。上昇した原価のうち何割を価格に転嫁できたかを示す価格転嫁率は、２０２４年３月時点で平均46・

1％だが、業界別に見るとトラック運送は28・1％と27業種中最下位だった（中小企業庁「価格交渉促進月間（2024年3月）フォローアップ調査結果」2024年）。同調査は、2021年から行われているが、トラック運送は常に最下位であり、いずれの業界よりも価格転嫁が難しいことが分かる。要素別の転嫁率を見ると、原材料費、エネルギー、労務費のいずれも25％程度にとどまっている。

価格転嫁率は、価格交渉が行われているほど高まる傾向がある。しかし、「価格交渉は行われたが、全く転嫁できなかった企業の割合」は、トラック運送で19・7％と最も高く、この業界の運賃引き上げがいかに困難であるかが分かる。

人手不足と倒産

人手の過不足感を示す指標として、日本銀行の「全国企業短期経済観測調査」（短観）の雇用DI値（企業の雇用人員の過不足判断指数）がある（図表2―4）。全産業平均を見ると、大企業よりも中小企業で人員不足感は強く、それは運輸・郵便業も同様である。だが近年のDI値を見ると、運輸・郵便業の大企業は、全産業平均の中堅・中小企業以上の不足状況にある。

第1章で見た通り、自動車運転従事者の有効求人倍率は、２０２４年8月現在、新型コロナ前ほどに高まっていないが、運輸・郵便業のＤＩ値は、大企業と中堅企業で新型コロナ前よりも悪化している。中小企業のＤＩ値はマイナス60に達しており、極めて深刻な人手不足に襲われていることが分かる。これが中小企業での賃金上昇をもたらしていると考えられる。

こうした厳しい状況を背景に、運送会社の倒産件数は増加している。帝国データバンクの発表によれば、２０２４年の運輸業の倒産件数は４７１件にのぼり、4年連続で増加した。

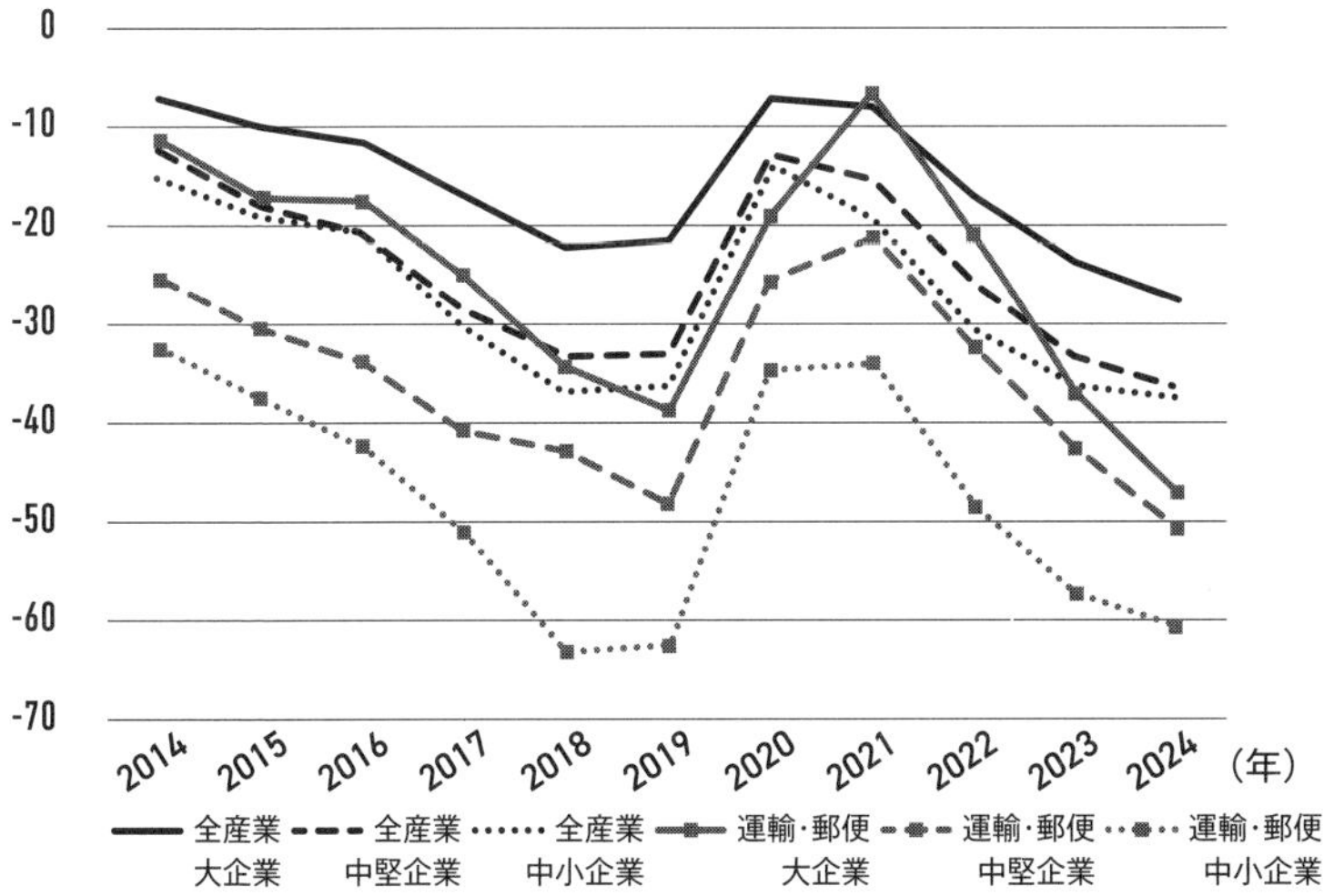

図表 2-4　企業規模別に見た全産業と運輸・郵便の雇用 DI

出所：日本銀行「全国企業短期経済観測調査」をもとに作成

物流現場で何が起きたのか

「2024年問題」への対応——大手企業の場合

筆者は2024年9月に大手物流業者3社の労働組合役員に聞き取り調査を行った。それによれば、統計データが示す通り、大企業では新型コロナ前から労働時間の短縮が進められていた。各社の組合役員は次のように話した。

「労働時間の問題は、我々にとっては長年の課題でした。労使でずっと議論してきたし、継続的に取り組んできたので、我々は『2024年問題』で引っかかるような労働実態にはありません」。労働時間の短縮に本格的に取り組み始めたのは、2016〜2017年ごろだったと組合役員らは口をそろえる。「特にね、『電通事件』のインパクトが大きかったんですよ。それまでは、会社も時間外労働にそこまでうるさくなかった。でもね、電通さんのことがあってからは『(月の時間外労働時間数が) 100時間超は問題じゃないか』と言い始めて、労使で時短推進委員会を作りました。その後も『過労死ラインである80時間は超えないようにしよう』となり、会社は『減らせ、減らせ』とうるさく言うようになったんです」と述べた。

長時間労働を特徴としてきたトラック業界でも、長時間労働の是正を求める社会風潮を無視できなかったことが窺われる。2019年に「働き方改革」関連法が施行された時には、トラックドライバーも含めて労働時間の削減に取り組み始めてからすでに数年が経過していたという。

賃金をめぐる労使交渉

一方、統計データによれば労働時間は短縮したものの、賃金は思うように上がってはいない。ある組合役員は「(月の時間外労働時間数が) 昔は80だったのに、今は65ぐらいですよ。15時間分も毎月の実入りが減るわけで、組合員からは『生活が苦しくなっている』という声が届いています」と苦渋の表情を浮かべた。

むろん組合は、労働時間の短縮とともに長時間労働に頼らずに済む賃金を確立するように求めてきた。例えばある組合は「うちは、必ず年収ベースで（春闘）交渉をしています」と話す。つまり、団体交渉に向けた準備段階で、労働時間の短縮により年収がどれほど下がるのかを計算し、下がった分をどう補うのかを議論し、交渉に臨む。

「（補填の方法は）もちろん基本給を引き上げて、ベアを獲得するのがベスト。でも、それが難しい時もあります。その場合でも、手当やボーナスなど、いろんな形でどうにか補おうと交渉します。残業は減らすけど、賃金水準は変えない。それができないと組合がある意味がない」

しかし、それを実現できる職場ばかりではない。「企業業績が厳しいなかでは、時短による年収低下は補い切れなかった」と苦しそうに話す組合もある。

重要なのが運賃だという。運賃値上げは経営側の課題だが、労使交渉のなかでも荷主との運賃交渉に関する議論は避けて通れない。労働組合は、労働時間の短縮が始まった2016～2017年ごろはもとより、それ以前から、ドライバーの労働環境の改善を理由に、運賃を引き上げるよう経営側に強く働きかけてきた。運賃を引き上げてドライバーに還元しようという意識は、労使ともに抱いていたと話す。しかし、値上げに踏み切った結果、断られた仕事も少なくなかった。労働組合は「このままでは賃上げに必要な運賃値上げができず、時短も進まないのではないかというジレンマを抱えていた」とこぼす。

賃金を上げることができなかったために、離職していったドライバーもいた。離職者の多くは「もっと稼げる」と言われる同業他社へ移っていった。大企業と中小企業では賃金カーブに相違があり、大企業の方が年齢とともに賃金が上昇していくが、その分、若年期の賃金水準が低い。短期的であっても高収入を獲得するために、大企業から中小企業に移動するケースが、この業界では珍しくない。

春闘での賃上げが復活した2023年・2024年、運輸業界でも賃上げが進んだ。だが両年の賃上げ状況を見ると、運輸業と他産業との格差は、是正されるどころか広がってきた。ナショナルセンターである連合が発表した2024年の春闘結果によれば、定昇込みの賃上げ率は全体で5・10％だったのに対し、交通運輸では3・31％と平均よりも低かった。なおこの業界では、1000人以上の大企業で3・24％、300人未満の中小企業で3・62％と中小企業の賃上げ率の方が高かった。

附帯業務の削減

大手企業で労働時間の短縮が進んだ時期、各社が取り扱う貨物総量が減ったわけではない。組合によれば、「中継輸送を取り入れたりして、労働時間を短くしていますが、この間に効率性や生産性が著しく高まったわけでもない」と述べたうえで、自社で運べなくなった荷物はグループ企業や子会社、協力会社に委託することでカバーしてきたという。

だが、「2024年問題」が迫ってくると、子会社や協力会社でも労働時間の短縮が進み、荷物の受託を断られるケースが増えていった。2024年4月を前に、運び切れなくなった荷物をどうやって運ぶのかについて議論が始まった。ちょうど「2024年問題」が騒がれていたため、荷主に協議を呼びかけ、荷主の協力を得ながら改善を進めた。

例えば、大手自動車メーカーに自動車部品を輸送する現場では、附帯作業が大幅に削減された。以前は、ドライバーが集荷のために倉庫に到着すると、「この品目はあのエリアにあります」といった漠然とした指示が与えられ、ドライバーはエリア内にバラバラに置かれてある集荷対象の段ボールを探し出し、それらを1カ所にまとめ、荷崩れを防ぐストレッチフィルムを巻きつけ、フォークリフトでトラックに積み込んでいた。

しかし、現在ではドライバーが倉庫に到着すると、集荷すべき荷物が1カ所にまとめられ、ストレッチフィルムを巻かれた状態で置かれているようになった。長年、ドライバーが担ってきた作業を、荷主側が引き受けることになったのである。これによりドライバーは、1カ所あたりの積み込み時間が30分以上短縮できたとともに「体に感じる負担が大きく減った」という。

つまり、長い間、ドライバーは倉庫内など見えないところでも荷物を運んでいた。そうした労働に料金が支払われることは稀で、運送費のなかに含まれていると捉えられていた。しかし、ドライバーの労働時間を短縮しなければならなくなったことで、それらの労働が可視化され、改めてその労働を誰が担うべきなのかが話し合われるようになった。その結果、附帯業務の料金の支払いを求めたり、作業員が配置されたりする動きが広がっている。

中小の運送会社における「2024年問題」

「2024年問題」に先駆けて労働時間の短縮に取り組んできた中小企業も存在する。筆者がヒアリングを行った、象徴的な4つの事例を取り上げる。

宮崎県のマキタ運輸は、「2024年問題」が話題になる前から、ドライバー確保のために取り組みを進めてきた。かつて同社では、改正前の改善基準告示を遵守できない運行が目立ち、課題を抱えていた。せっかく採用したドライバーが短期間で離職していくことも珍しくなかった。人手不足が深刻化していくなかで、働く環境を大きく変えようと取り組み始めたのは、2016年ごろだったと同社の牧田信良社長は話す。

それまでは、1人のドライバーが宮崎から東京まで貨物を運んでいた。しかし、新たに大阪と東京に物流拠点を設け、大阪でドライバーを交代させることにした。つまり、宮崎から大阪、大阪から東京で運行計画を組み、労働時間の削減を図ったのである。中継輸送と呼ばれる手法だ。だが、ドライバーを1人から2人に増やせば、人件費が増大する。そこで、同社は従来10トン車で荷物を運んでいたが、24トンのトレーラーを導入し、1台あたりの荷物量を増やすことで運賃を上昇させた。同時にパレット積みではない荷物はすべて断るようにしていった。結果的に、ドライバーの労働時間を減らし、賃金を上昇させることに成功した。

ちなみに大阪と東京の拠点には、ドライバーの休憩施設としてシャワー室や仮眠室を整備した。一般的にドライバーはトラック内に設けられた簡易ベッドで眠るが、牧田社長は「一般の方で、出張されて車の中で寝る人、おらんでしょ。疲れを取るためには、ベッドで寝ないと」と語る。休憩施設ができたことで、ドライバーはもちろんその家族にも安心してもらえるようになったと考えている。こうした取り組みを進めてきた同社にとって、「2024年問題」は、むしろ好機として映っている。

マルチスキルの形成で対応

愛媛県の道前運送の森川公社長は、「昔は、当たり前のように改善基準告示を守っておらず、残業時間は月120時間を超えていた時もあります」と苦笑いした。しかし、2012年に労働基準監督署から是正勧告を受け、その半年後に運輸支局の監査が入り、車両停止処分となった。これを機に改善基準告示の遵守を徹底することを決意したという。

同社は、独自の運賃表に基づき荷主と取引している。相対的に高い運賃額を提示する代わりに、荷主の要望を最大限叶える輸送を行う。例えば、一時保管、引き取り、積み替えなどの附帯業務は、荷主の要望にすべて応え、突発的な依頼も決して断らない。長時間の待機や荷役作業が発生する場合は、断るのではなく、改善基準告示を守りながら引き受けられる方法を考えるようにしてきた。

例えば、出荷元と納品先のパレットが異なる場合は、あらかじめ納品先のパレットを借りておき、荷物の積み替え作業を自社の倉庫で行う。通常、パレットが異なる場合、荷卸し先で積み替え作業が行われ、それに2～3時間を要する。だが、自社の倉庫で事前に済ませておけば、荷卸し先でもパレット卸しとなり時間は30分以内で済む。着荷主の満足度が高まれば、発荷主も運送契約を継続しようとする。こうした高い輸送品質を提供する代わりに、それに見合う運賃額を受け取ることをモットーとしてきた。

政府は、運送会社に運賃とは別に待機の料金や附帯業務の作業費を請求するように促しているが、それは非現実的だと同社の森川社長は語る。「それをやろうと思えば、待機が何時間あったのかを逐一ドライバーとやり取りしないといけなくなる。待機時間用の伝票もつくらないといけないし、そもそも待機時間を証明するためにお客さん（＝荷主）にサインをもらわないといけない。いろいろな手間が発生するし、終わったらそれをチェックするコストも生まれる。管理コストがあまりにもかかりすぎる。実際にやってみれば、出荷人、荷受人が望むサービスを充実させる方が、荷主も運送会社も、運賃が高くてもトータルコストは安くなることが分かる」。そうした考えから、待機や附帯業務を含む形での取引を行ってきた。

同社では、荷主の多様な要望に応えるために、人員に十分な余裕を持たせるとともに、従業員のマルチスキル化を進めてきた。積み込み先や納品先ごとに、地図、構内図、作業方法、注意事項などをまとめたマニュアルを作成し、誰が担当してもミスなく仕事をこなせる仕組みを作った。一般的にドライバーと各荷主の仕事は固定化されており、1人のドライバーが運送、待機、附帯業務までを担うため労働時間が長くなるし、担当ドライバーが休んだり、辞めたりした時にミスやトラブルが起きやすくなる。

対して同社では、仕事とドライバーを固定化せず、休む人が出ても仕事の穴埋めができる体制を組んでいる。また、マニュアルを作成していることで、傭車（他社の車両を借り受けること）にも安心して依頼できるようになった。それにより、労働時間を見ながら、ドライバーを休ませることもできるようになった。

また、長距離輸送、集配、倉庫、事務所など各部署で余裕ある人員配置を組むことで、相互に仕事を補完し合う体制を作った。普段は倉庫作業をしている元ドライバーが集荷や配達に行くこともあるし、その逆もある。例えば、積み込みでどうしても長時間の待機が発生する荷主がいる。この場合、集配ドライバーがあらかじめ集荷し、幹線のトラックの積み込み時まで自社の倉庫で荷物を一時保管する。こうすることで、支線と幹線のドライバーを別にすることができ、さらに前述の納品時のパレット化も可能になる。また、復荷の納品時に長時間の待機が発生する荷主もいる。この場合、事前に幹線のトラックで荷物を引き取り、自社の倉庫で保管することを提案したうえで、必要な商品を、必要な時に、必要な数だけ納品することに変更した。こうすることで、幹線業務と配達業務を切り離すことができ、ドライバーの労働時間を短縮できた。

このような体制は直ちに構築できるわけではない。同社は、年月をかけて給与体系の改定を重ねてきた。柔軟な人員配置を可能にするために、変動給部分を減らし、固定給部分を増やした。その結果、長時間働くインセンティブは小さくなり、労働時間の短縮を進めやすくなった。むろんこれらの改革を進める過程で、離職していった従業員もいる。しかし継続している従業員は、総じて定着率が高く、人手不足とは感じていない。

結果的に、2020年には、ドライバーの1カ月間の時間外労働は80時間以内に収まった。さらに時間短縮を進めており、現在は、すべての運行で改正された改善基準告示を遵守できており、月の時間外労働は70時間以下となっている。森川社長は「改正前の改善基準告示を完璧に守っていたら月80時間以下になるはずだ。今慌てている会社は、以前から告示を守れていなかったのだろう」と見ている。さらに、来年には大幅な給与体系の変更を計画しており、残業時間を月60時間以下にすることを目指している。

長距離輸送からの撤退

東北地方に位置するある運送会社は、改善基準告示を守るために、一部の仕事を断ることにした。同社は、地場輸送のほかに、中距離輸送と長距離輸送を長年手がけてきた。しかし2024年4月を迎えるにあたり、長距離の仕事をすべて取り止めた。「拘束時間を守りながら輸送を続けようとすれば、中継輸送をしないといけない。でも、うちぐらいの規模だと、新たな営業所を作るのは大変だし、他の会社と一緒にやろうなんてすれば、運賃をもっと高くしないといけない。どう考えても無理でしょ。早々にあきらめました」。

むろん「あきらめる」前に、荷主に運賃の値上げ交渉を行った。だが、もっと安く運ぶ会社もあると言われ、受け入れてもらえなかった。実際にその荷物は、以前の運賃水準で他社が運び続けている。その会社が改善基準告示を遵守しているのかは分からない。

加えて、同社では、それまでおよそ4割を占めていた下請けの仕事を1割まで減らした。ここ5年ほどは軽油代も車両整備費も上昇してきたが、下請けの運賃はなかなか上がらなかった。元請け業者にコストが増加していると相談しても、「もっと安く運んでいる事業者もいる」

「だったらお宅に頼まない」と言われ続けてきた。他方で、荷主と直接顔を合わせて交渉している仕事では、自社の切実な実情を伝えることができ、運賃値上げに協力してもらえる場合が多い。下請けの手数料を引かれることもない。「2024年問題」を契機に、改善基準告示が遵守できないような運送からは手を引くことを決めたという。

むろん、すべての元請け業者が理解してくれないわけではない。運送会社同士だからこそ、現状を分かり合うことができ、運賃値上げや待機時間の削減を積極的に働きかけてくれる元請け業者も存在する。だが元請け業者のなかで、そうした企業が多いわけでもない。

同社は、長距離便をなくし、下請けの仕事を減らした分、売り上げが低下した。しかし、法令を遵守し、利益がきちんと出せる仕事に特化することができている。社内のドライバーのなかで泊まり勤務をする人が、ぐっと減った。

社長は、これらの取り組みをする前にドライバーに望む働き方を尋ねていた。比較的若い30代のドライバーたちは、「給料よりも自分の時間がほしい」「その日のうちに家に帰りたい」と考える人が多く、昔のように「休まなくてもいいから働きたい」という人はいなかったという。そこで同社は、この3年で有給休暇の取得率を100%にし、労働環境の改善に取り組んできた。また、労働時間は削減しても、賃金は下げてはいない。給与を下げるとドライバーのモチベーションが下がり、離職につながってしまうためだ。厳しい経営状況にあるが、「ドライバーは、会社にとって必要不可欠な宝物。最後まで守る義務がある。賃金は上げても決して下げない」。

過重な附帯業務を伴う運送からの撤退

同様に、「2024年問題」を契機に、これまで引き受けてきた附帯業務を見直した事例は数多く存在する。

ある中小の運送会社は、長年にわたり2次請けでセメントを運んできた。160キロメートルほどの距離を走り、地元の大手企業に耐火セメント12トンを配送する仕事だ。

帰り荷の積み込みを終えて帰社するのは夕方になるが、そこで仕事が終わるわけではない。翌朝8時半、ドライバーは補助員1人を連れて、再度、着荷主のもとに向かう。フレコンパックに入ったセメントを荷主先のフォークリフトを使って、約300メートル先の工場裏のホッパーへ運び入れなければならない。それが終わると、次は2階にあるホッパーにリフトを使ってセメントを持ち上げ、それをローラーに乗せ、奥まで押し込む作業を行う。最後にセメントが入っていた袋をすべて回収し、自社で製作した空袋回収ラックに押し込んで持ち帰る。加えてローラー横に置かれたパレットも回収し、次の輸送時まで保管し、次回の引き取り時に持っていく。これら2人がかりで行われる附帯業務を、無償で長年担ってきた。こうした附帯業務は、その負担があまりに大きいという問題のほかに、他社のフォークリフトを操作することの問題もある。ドライバーにとっては、不慣れな車両の操作を求められ、整備不良の車両を操作しなければならない場合もあるし、保険に未加入のまま車両を操作しなければならない場合もある。

ある日、いつも通り作業をしていたところ、2階にセメントを運び入れる際、フォークリフトのマストが、建物の屋根樋にぶつかり、樋を破損させてしまった。その後、荷主から元請け業者を通じて、9万円の修理代の請求書が送られてきた。

「最初はね、もちろん代金を支払うつもりだったんですよ」。しかし同社の社長は、はたと考えたという。「なぜ、ここまでの作業をしながら、破袋、破損に関してこちらがすべて持たなければならないのか」と。そう考え始めると、これまで我慢してきたものが、気にこみあげてきた。長い間、繰り返し附帯作業費の支払いを求めてきた。運賃の値上げも交渉してきた。しかし、それらが受け入れられることはなかった。

同社は、元請け業者を通じて、附帯作業費の支払いと運賃値上げを要請し、作業中の破損は荷主側の保険で対応するように求めた。しかし、荷主の理解は得られなかった。そこで同社は、その日のうちに保管していたパレットや空袋を荷主に戻し、修理代は、元請けとの交渉で折半とし、それを支払い、この運送業務から撤退することを決めた。「2024年問題」や、後述するトラックGメンの発足などで、風向きが変わってきていたことが、この決断を後押ししたという。

運賃は上昇するも売り上げは低下

2024年以降、物流現場を歩くと、運賃の値上げ、附帯業務の削減、荷待ち時間の縮小などを求めた、実現してもらったとの変化を運送会社から聞くことが増えた。

だが、運賃や附帯業務の交渉をした運送事業者のうち少なくない企業が、その結果売り上げが減ったと話す。「運賃は上がったんですよ。ただね、上げてくれた荷主からは、仕事をもらえなくなるんですよ。たいていの荷主は、複数の運送会社と契約しているから、運賃の高いところは使わなくなるだけです」という。運賃交渉で値上げを実現した結果、そこからの仕事がほぼなくなったというケースもある。

別の運送会社は、社内の配車係から「社長、売り上げを上げるのと、拘束時間を減らして法令を遵守するのは、どっちがいいですか」と聞かれたという。この質問は、現状では両立が難しいことを示唆する。つまり、ワークルールを守らずに輸送すれば、売り上げを伸ばすことができるが、法令を守れば売り上げを減らさざるを得ない。むろん運賃を上げたり、生産性を上げたりすれば両立は可能だが、それは容易ではない。

こうした状況のなかで、少なくない事業者が売り上げを減らしてでも、法令を遵守する方向に舵を切った。1日の拘束時間を遵守できないような長距離輸送をやめたり、長時間の附帯業務を課す仕事から手を引いたりした。長年受託してきた利益の薄い仕事を断る動きが広がっている。

他方で、断られた仕事を引き受ける運送会社が、現時点では存在する。ある運送会社は次のように話した。

「うちが蹴った仕事は、近所にある○○運送が運んでいるって聞いてますよ。あそこはね、家族でやっててドライバーがみな取締役ってことになっているんですよ。だから労働基準なんて関係ない。そこと競争しないといけないから、大変ですよ」

別の運送会社は「うちみたいな中小の会社が値上げするとね、大手の元請けに仕事をぜーんぶ持っていかれちゃうんですよ。元請けさんたちは、全国を営業して回っているでしょ。せっかく値上げを受けてくれた荷主の仕事を根こそぎ奪っていっちゃうんです。結局、俺たち中小は下請けに入るしかないのか、って考えちゃいますよ」と吐露した。

また、こうした状況のなかで事業をたたむことを選択した会社もある。「うちみたいな零細は、もう無理でねぇ。労働基準が厳しくなるっていうし、ちょうどいいタイミングだったんですよ。ドライバーさんたちは、長く働いてくれたけど、今は人手不足でしょ。他に移ってもらえばいい、と思ったから」と語った。

法令を遵守できない――変わらない現場の変われない理由

こうした変化が見られる一方で、2024年4月を迎えても何も変わっていないとの声も聞く。

2024年夏ごろから、物流現場を歩くと残業時間を「先食い」しているという言葉が聞かれるようになった。時間外労働の上限規制は年960時間であり、それを12で割れば1カ月あたり80時間である。月80時間を超えて残業させていることを「先食い」と表現する。

企業は、法定労働時間を超えて従業員を働かせる場合、あらかじめ労使で書面による協定を締結しなければならない。これは労働基準法36条に規定されていることから、「36（サブロク）協定」と呼ばれる。36協定の有効期限は最長1年であり、仮に起算日が4月1日の場合、4月から翌年の3月末日までの1年間の時間外労働時間が締結される。この場合、「先食い」のしわ寄せは年度末にやってくる。つまり、時間外労働の上限規制を遵守しようとすれば、「先食い」しているドライバーは、年末や年度末に残業時間を調整しなければならなくなり、そこで荷物が運べなくなるリスクが指摘される。「先食い」している状況のなかでは、改正された改善基準告示も遵守できていないと考えられる。

それはリードタイムの延長が難しい現場で顕著である。2024年4月を迎えるにあたり、リードタイムを延長させる動きが広がった。すなわち、ドライバーの休息期間を確保するために、仮に従来3日運行だったものを4日運行に変えた、といった形である。1運行でより長い日数がかかるため、輸送効率は低下するが、そうしなければ法令を遵守して運ぶことができない。リードタイムの延長を「やむを得ない」と考える荷主は少なくない。

しかし、リードタイムを延長することが難しい荷物がある。代表的なのは鮮度が求められる商品を運ぶ場合であり、水産品や農産品などが典型だ。例えば、水産物は水揚げ日の翌日のセリに間に合わせなければならない。午前中のうちに産地を出発し、首都圏まで車両を走らせ、翌朝までに市場に届けなければ、商品の価値が大きく下がる。改善基準告示を守ろうとすれば、中継地点で運転手を入れ替えるなどの対策が必要となるが、コストが上昇するため中小企業にとってはハードルが高い。加えて、複数の企業やドライバーが運ぶと、品質にトラブルが生じた場合、管理責任をどこが負うのかという問題もある。鉄道やフェリーの輸送も、便や路線が少なく、鮮度が落ちるため解決策にならない地域がある。ゆえに、法改正に対応できず、いくつもの運送会社が鮮魚輸送から撤退したとも聞く。

水産品を運ぶ現場の実態

２０２４年4月以降も水産品の輸送を手がける運送会社の事例を紹介しよう。水産品は、活魚、鮮魚、魚種、地域、加工品などによって荷物形態が異なり、抱える課題も違うが、ここでは魚介類を生きたまま運ぶ活魚輸送の現場を見る。

活魚を専門とする運送会社によれば、荷物の積み込みは未だにトラックが到着した順番に行われることが多い。産地から東京に活魚を運ぶには、できるだけ早い時刻に積み込む必要がある。そこで朝6時から始まる積み込みに備えて、車の台数が多い時には、順番取りのために前日の20時や21時に現場に入る。積み込み時間は、1台あたり約2時間かかるため、順番が遅くなれば、待機時間が長くかかる。同社は「運送会社としては、どうすることもできない。荷主と生産者の問題であって、運送会社はそれに従うしかない」と話す。

積み込みが終われば直ちに出発し、首都圏まで活魚を運ぶ。同社では、改善基準告示が定める4時間の連続運転後に取得する30分休憩や、市場に到着して荷物を卸した後に休息期間を9

時間以上取得することは徹底してきた。しかし、告示が定める1日の拘束時間（原則13時間以内、上限15時間）を守ることができない。鮮度が要求される往路は、産地から市場まで15～17時間を要するためだ。

他方で、復路は休息期間を確保するために、フェリーに乗ることにした。「せめて復路だけでも、告示を遵守したい」と同社社長は話す。だが、往復で2日要した運行が3日になることで、輸送効率が低下している。加えて、首都圏よりも遠い場所への出荷は減らさざるを得なくなった。しかも、復路をフェリーに変更したことは、ドライバーたちから不評だ。船で帰れば自宅で休む時間が少なくなり、家族と過ごす時間が減ってしまうためだ。それを理由に、同社を辞めていったドライバーもいる。また、フェリーに乗れば、フェリー代金がかかるため、運賃の値上げが必要となる。しかし、それに見合った運賃上昇は実現していない。少しでも運賃を上げれば、仕事が減ってしまうという。同社は厳しい状況に立たされている。

横行する白ナンバー化

こうした現場では、「『白ナンバーにしちゃえばいいじゃない。あっち（の運送会社）は白に変えたよ』と荷主から言われる」とこぼす運送会社が少なくない。「白ナンバー」とは、自家輸送を指す。

トラック運送業とは、他社の貨物を輸送する事業である。貨物を運ぶうえで運賃の受け渡しが発生する場合には、運輸局の許可を取る必要があり、許可を得たトラックが営業用トラックとして緑地のナンバープレートを付けることになっている。

他方、自社の貨物を自社の車で輸送することも認められており、これは自家輸送と呼ばれる。例えば、出荷時刻が不規則な現場では、生産現場で働く労働者が、商品ができあがった段階で、自社の車両を使って輸送する場合がある。こうした輸送においては、運賃のやり取りは発生しない。自家輸送は、輸送トンキロで見ると国内貨物の12・4%を占める輸送手段である。公道を走る車両は、一般的に白地のナンバープレートをつけることが義務づけられていることから、自家用のトラックには白地のプレートがついている。

すなわち、白地のナンバープレートをつけたトラックで、他社の貨物を輸送し、運賃を受け取ることは認められていない。にもかかわらず、例えば他社の荷物を自社の荷物と見せかけるために、商品ごと買い取って輸送するなど、自家輸送を装い、運送事業を営むケースが後を絶たない。「2024年問題」に対応するために、「緑ナンバーを外す」事業者もいる。

2024年4月、福岡県警は、貨物自動車運送事業法違反の疑いでトラックドライバー4人を逮捕し、幇助などの疑いで水産会社の役員4人を書類送検した。報道によれば、「仲介業者は、『働き方改革に備えてアサリの輸送から正規業者が撤退し、残った業者の運賃も高くなった。収入確保のために白トラックに頼んだ』と供述」している（西日本新聞2024年4月17日）。

アサリは、山口県下関市から関東地方に運ばれていた。輸送時間だけでもおよそ14時間を要するが、逮捕されたドライバーは「輸送時間が短いことで知られていた」という。県警の内偵によれば、ドライバーはまったく休憩を取らず、到着後も荷卸しを担い、「24時間ほぼ働きっ放しの日もあった」。改善基準告示では、4時間の連続運転後に30分の休憩などが義務づけられており、1日の拘束時間は最大で15時間となっているが、これを遵守すれば鮮度が落ちるため、白ナンバーに依頼することになったと報じられている。

ちなみに、白ナンバーのトラックを運転している場合にも、ドライバーには改善基準告示が適用される。ただし、労働基準監督署が白ナンバーの事業所に立ち入ることは少ない。ゆえに「2024年問題」を受けて、白ナンバー化が進むのではないかと指摘されてきた。

農産品を運ぶ現場で

「現場はほぼ何も変わっていないよ。改善基準告示は、もちろん遵守できていない」と話すのは、農産品の輸送を手がける運送会社だ。同社は、ここ数年、元請け業者に、繰り返し運び方の見直しを求めてきたが、受け入れられることがないまま2024年4月を迎えた。ドライバーの労働時間は短縮しておらず、ゆえに賃金も変化していない。

農産品の輸送現場では、もともとパレットの普及が遅れている。パレットの利用を長年お願いしているが、「パレット化はまったくされてない」。ドライバーは、現在でも段ボールを1つずつ手積みしており、市場でも2~3時間かけて手卸ししている。たいてい産地を夕方に出発し、深夜にトラックを走らせ、翌朝までに関東地方の市場まで荷物を運ぶ。わずかな変化は、荷卸しを手伝う人を配置する市場が出てきたことだ。だがそれでも荷役時間の削減は微々たるものだという。

同社は、「2024年問題」に備えて、朝から荷物の積み込みを始め、午前中のうちに地元を出発したいと荷主に相談していた。午前中に出発できれば、市場到着後にドライバーに休息を取らせることができる。リードタイムが半日ほど伸びるが、改善基準告示の遵守のために協力を要請した。しかし、朝から荷物を積み込むには、商品の受けつけを締め切る時刻を早める必要がある。荷主は改善策を検討してくれたものの、実現しなかった。「解決策はない。手探りで取り組むしかない」状況である。現在は、改善基準告示を守れないまま輸送を続けている。

中小の運送会社にとって中継輸送の導入は難しいという。中小の運送会社同士で行うとしても、中継拠点が必要となるし、生鮮品輸送の場合は、冷凍・冷蔵輸送に対応した車両も準備しなければならない。そもそもパレット化がされていないため、積み替え作業にかなりの時間を要する。複数の会社で対応しても、それに見合う運賃がもらえる見込みもない。

同社は「運賃は、交渉の結果15%ぐらいは上がったんですよ」と話す。しかし、上昇分は燃料費の高騰に消え、ドライバーの賃金上昇にまでは回っていない。改善基準告示を遵守しようと思えば、運賃が50%ぐらい上がってくれないとできないと話し「もし50%上がっても、標準運賃の7割ぐらいの水準だ」と苦笑いした。手積みで行う附帯作業の料金は収受できず、市場での長時間の荷待ちにかかるはずの待機時間料も受け取ったことはない。「運賃さえ上がらないのに、料金なんてもらえるわけがない。みんな（他の運送会社）がそれぞれ値上げ交渉の行動を起こしていかなければ収受できるはずがない」とあきらめ顔だ。

予約システム導入やパレット利用が進んでも

市場での待機時間の長さを訴える声は多い。「ここ数年、発荷主は待機も荷役も減らしてくれているのですが、要は着荷主のところが変わらない。市場に行くと、3~4時間待機させられるから、それで拘束時間は完全にアウトになっちゃう」。「2024年問題」に対応して、巨大な物流センターや大型倉庫もできている。効率化が進んでいるように見える現場でも、以前よりも待機時間が長くなっている、という話も聞く。

政府は、標準的な運賃を示し、そのなかには待機時間料の目安を記している。しかし、特に荷物の届け先で待たされる場合、その料金の受け取りは極めて難しい。物流現場では、1~2時間の待機は珍しくなく、時には5~6時間も待たされる。運送会社は、発荷主と運送契約を締結して、運賃を受け取るが、運送契約にはない待機や附帯業務を求められることは、発荷主のみならず、着荷主のところでも起きる。着荷主のところで発生した料金は、運送終了後に発荷主に支払いを求めることになるが、後づけで料金を請求する慣行はない。発荷主にその料金を請求したことがある運送会社は「『そんなの出せないよ』と言われて、一瞬で話し合いは終わった」と述べた。着荷主で発生した待機時間や附帯業務に対して、料金を受け取っているという事業者を、筆者はこれまで聞いたことがない。

荷主のなかには、ドライバーの待機時間を減らそうと、予約システムを導入する企業が増えている。だが、予約システムを導入しても、「結局、荷積み・荷卸しスペースが変わっていないから、中で待っているんですよ」といった声もよく聞く。つまり、取り扱う荷物量に見合った荷捌き場がないままでは、予約ができたとしても、かかる時間は変わらず、ドライバーはどこかで待たざるを得なくなっている。

予約システムで到着時間が調整されても、いいことばかりでもない。「以前は朝8時に行って、1~2時間待てば荷物が卸せたのに、予約システムが入ってからは午後1時に来いとか言われるんですよ。次の荷物に間に合わなくて非常に困っている」といった不満が広がっている。

荷役を減らそうとパレットの利用も進んできた。しかし、共通パレットが普及していないため、「発荷主と着荷主でパレットが違う場合が多い。結局、パレット積みで持って行っても、着荷主のところで別のパレットに積み替えるように求められるから、変わらず手積みをしていますよ」というドライバーが少なくない。

変化を促す行政の取り組み

トラックGメン

2023年7月、国土交通省は「トラックGメン」を全国の運輸局に配置することを決めた。行政が荷主に指導勧告する制度は、以前から存在していた。荷主勧告制度だ。荷主が、優越的地位や継続的な取引関係を利用して、無理な到着時間を設定したり、過積載を要請したりした場合には、行政が荷主を勧告する仕組みである。だが、長い間、この制度は十分に機能していないと指摘されてきた。なぜなら、同制度に基づく要請や働きかけの数が極めて少なく、最も強力な勧告や社名公表は、長年にわたり、発動された実績がなかったためである。その背景には、悪質な荷主がいても、運送会社は仕事を失うことを恐れて告発しないことがあると言われてきた。

ゆえに、トラックGメンが創設されても、それがどれほど機能するものであるのか、当初、懐疑的に見られていた。だがトラックGメンのなかには、従来よりも踏み込んだ活動を行う者が現れた。

例えば、中国運輸局のトラックGメンは、創設当初から、トラックステーションなどにいるドライバーに直接声をかけ、これからどこへ行くのか、行った先の荷主では待たされていないか、契約にない附帯業務をさせられていないかなどを尋ねる見回り活動を行ってきた。工場団地や流通団地など、企業が集積している地域に出向き、外観からバース（トラックが荷卸しをするための停車場）の位置を確認し、待機しているトラックがあれば、ドライバーに荷待ち状況や荷積み・荷卸し状況を聞く。さらに、荷主や元請け業者をアポイントなしに訪問し、違反行為の防止や運賃交渉に誠意ある対応を求め、注意喚起を行う。こうした「プッシュ型」の情報収集や「荷主等パトロール」が、最初は一部地域だけだったが、今では全国に広がっている。

このような積極的な活動の結果、「働きかけ」や「要請」件数が飛躍的に増大した。2019年7月から2023年7月までは月あたり1・8件だったものが、2023年7月から10月までは月あたり57件、さらに同年11月から12月の集中監視月間は月あたり106・5件となった。その後も2024年1月から9月までは月あたり68・4件と高い水準を維持している。そして2024年1月には、初めて荷主・元請けへの勧告と社名公表が2社に対して行われた。

多くの荷主に働きかけが行われるようになれば、運送会社も声を上げやすくなる。トラックGメンに情報提供しやすい環境が醸成されていると話す運送会社は少なくない。

下請け構造の弊害

政府は、2024年に成立した物流関連2法の改正に、元請けの業者に実運送体制管理簿の作成を義務づけることを盛り込んだ。下請け業者の名称、輸送内容を明記した管理簿を作成することで、下請け状況を可視化し、取引環境の改善につなげたいとの狙いがある。これが十分に機能するかどうかは、改正法の施行を待たなければならないが、一定の効果が期待されている。

他方で、「2024年問題」を受けて運賃や運び方の見直しを求める運送会社のなかには、そもそも下請け関係から抜け出そうと努力している企業が数多く存在する。運賃の引き上げ、荷待ちや荷役の削減を進めるには、荷主と膝を突き合わせて話し、直接交渉することが効果的なためだ。下請けにとどまる限り、法令遵守は難しいと話す運送会社は多い。

むろん元請け業者が荷主と交渉し、適正な運送を実現させているケースもある。だが、下請け関係が多層化すればするほど、それへの期待は薄まる。そもそも、長時間の待機や過重な附帯業務を負っているのが自社の社員であれば、運送会社は、従業員の声に基づき、待機時間や附帯業務の軽減を荷主と協議しやすい。だがそれが、子会社や協力会社の社員であれば、元請け業者はそうした実態を把握しにくくなるし、荷主と協議する動機も弱まる。ましてやグループ外の企業の場合やスポットで依頼した場合、多層的な下請け構造のなかでどこの会社の誰が荷物を運んでいるのか分からない場合には、荷主との協議が遅れることは想像に難くない。

また、ヒアリング調査では、下請け構造が運賃の引き上げを難しくしていると述べる運送会社が多かった。「2024年問題」に対応するために、多くの中小の運送会社は値上げ交渉に踏み出した。しかし、大手の元請け業者が、より安い運賃で営業活動を行うことで、せっかく値上げできた仕事が根こそぎ持っていかれるという声が、全国各地で聞かれた。元請け業者が、いかにして安い運賃を実現できているのかは、分からない。だが、少なくない運送会社が、改善基準告示を違反しなければ実現できないはずだと話す。それゆえ、ワークルールに反した運行に対する指導や勧告は、実運送を担う事業者のみならず、元請け業者にも及ぶようにしなければ、労働環境の改善は望めないと主張する運送会社が少なくない。

なお、「帰り荷」の確保のために下請けの仕事を受ける運送会社は少なくない。最低限の原価しかまかなえないほど低い運賃であっても、「空気を運んで帰るよりはマシだ」と考えられてきたためだ。そうした業界の慣習のうえに、「帰り荷だから」と称し、安く仕事を受託し、下請けに仕事を委託する元請け業者もある。だが、その帰り荷は、誰かの「行き荷」である。帰り荷だから安くていいという発想が、業界全体の運賃の引き上げを困難にしている。

「適正価格をもらえば地場産業が傾く」

「改善基準告示を厳格に守ろうと思えばね、今より3割、いや4割増しの運賃をもらわないと運べないですよ。でもね、そんな運賃もらったら、荷主はどうなりますか」。そう話すのは、東北地方で鉄を輸送するドライバーだ。

3～4割増の運賃が実現すれば、少なくとも値上げされた分の一部は商品価格に上乗せせざるを得ない。つまり、この地域の鉄の価格が上昇することを意味する。荷主も市場競争にさらされているため、商品価格が上がれば、海外を含む他地域のメーカーにシェアを奪われる可能性がある。「荷主が傾けばね、我々だって運ぶものがなくなるんですよ」。政府は「適正価格」を呼びかけている。だが「適正価格」を収受することが、望ましいのかどうか悩む運送会社が少なくない。

大消費地である首都圏には、日々全国から大量の貨物が届く。首都圏から離れれば離れるほど、高速代金も燃料費も高くなる。輸送時間や日数が増える分、ドライバーの人件費も高まる。それらを加味した適正な運賃が実現されれば、地方の運送会社が受け取る運賃額は今よりも上がるはずだ。だが、運んでいる商品に、上昇した運賃分に見合う付加価値をつけることは容易でない。運送会社にとって、荷主が市場で生き残れるかどうかは、自社の存続に関わる。そしてこれは、荷主と運送会社だけの問題ではない。地場の産業を守れるのか、地元の経済活動が維持できるのかという問題でもある。

先のドライバーは次のように続けた。「東京はすごいですよ。賃金だってビックリするほど高くて、人も多い。みんないい車乗って、綺麗な服を着て。地元に帰れば、人は少ないし、車は〝軽〟ばっかり。でもね、俺はここで生きてきたし、ここが好きだし、それなりに幸せに暮らしているんですよ。東京から離れているっていうだけで、よりいい商品を作らないと地元で生きられないんですか。『適正運賃もらえ』なんて、無責任に言ってくれるなって思うんですよ。そんなの自分たちの首絞めるばかりでしょ」。

地域ぐるみで対策を練る

地域の産業を守るために、動き出した自治体もある。愛媛県は2023年8月に「愛媛県持続可能な効率的物流検討会」を設置した。行政、地元のトラック協会、荷主を代表して経済団体や農林水産団体などが参加する。愛媛県は、ミカンをはじめとする柑橘類の生産が全国トップクラスであり、養殖の真鯛やブリなど水産物の水揚げ量も多い。これら県産品の多くが、関東圏をはじめ全国で販売されている。今後も「愛媛県産品を運び切る」ことを目指し、地元の関係者らによる本音での話し合いが始まった。

同検討会は、「経済労働」と「農林水産」の2つのワーキングチームを立ち上げた。「経済労働」ワーキングチームでは、県内の製造業を対象に輸送実態に関するアンケート調査を実施し、運賃、待機時間、パレット化対応などの実態を把握しようと努めてきた。

「農林水産」ワーキングチームでは、白熱した議論が交わされている。県の漁協組合は、パレット化を進め、車両を購入して集荷するなどの改善の動きがあり、さらに輸送コストの上昇に対応するため、産品の高付加価値化にも取り組んでいると話す。だが一部には、「うちには関係ない」とそっぽを向く水産業者や、販売日を1日遅らせてほしいとの要請に対して「魚が死んだら責任をとれるのか」と迫る事業者もいる。それに対しトラック協会から「ドライバーが過労で倒れたら責任とれるのか」と切実な思いを伝える場面もあった。

また、ある産品において、荷主側は運賃の値上げを実施したと表明したが、トラック協会からは「燃料費高騰分しか上がっていない」「着地運賃であるため、行き先次第では経費さえもトラック事業者が負担している」との意見が出された。さらに、荷主側は荷卸し箇所を「2カ所以内」とすることや、緻密な出荷計画の実施に取り組んでいると説明したものの、トラック協会からは「未だに4～5カ所の荷卸しが当たり前で、改善されていない」「出荷計画は、今までも立てられていたが、全く意味がない」「対応が不十分なのに、解決したようなコメントは控えてほしい」などの苦言が呈された。

他方、県は、検討会での議論を踏まえて、荷主事業者の理解を促すためのセミナーを開催するとともに、トラック事業者や荷主企業が取り組む物流効率化に資する機器の導入や施設整備にかかる費用を補助し、事業者団体が行う実証実験に対する支援を進めてきた。

中長期を見据えた取り組みもある。例えば、同県の特産品であるミカンの収穫のピークは12月だが、師走はただでさえ繁忙期であり、以前から車両とドライバーの確保は容易でなかった。かつパレット化が進んでおらず、ドライバーが選果場に到着してから荷待ちと荷役で4時間超えとなる場合もある。現状のままでは改善基準告示を遵守した輸送は困難だ。パレット化を進めなければならないが、パレットのレンタル料など物流コストの上昇を生産者は負えないと主張する。それを商品価格に転嫁すれば、ミカンの価格が上昇せざるを得ず、消費者が離れるのではないかとの不安も高まる。県は、選果場を集約し、出荷の効率化を図る計画など、長期的な取り組みも進めてきた。事業団体、運送会社、行政がスクラムを組んで対処しなければならないとの危機感を強めており、今後も同検討会を中心に議論していく方針である。

現在の平穏は問題の先送りの結果に過ぎない

２０２４年４月に入ってからも物流の混乱が起きていない背景には、①貨物量の減少、②物流効率化の進展、③ワークルールの不遵守にあるだろう。

そもそも「２０２４年問題」で求められる労働時間の削減は、すべての事業者、ドライバーに関係する話ではない。以前から改正法が規制する労働時間内で働くドライバーも少なくないためだ。例えば、地場輸送をしている運送会社はさほど影響を受けない。対して、影響が大きいのが、長距離輸送の現場である。その意味で「２０２４年問題」は、遠方の市場や消費地に運ぶ必要がある、地方でより深刻である。

ただし長距離輸送でも、幹線の走行時間だけを見れば、法令の範囲内に収まっているケースがほとんどである。つまり、発着現場で荷待ちや荷積み荷卸しを行い、支線輸送を担うことで上限を超えて働かざるを得なくなっている。要するに、改善の余地はある。本章で紹介した通り、支線と幹線を分けるなどの中継輸送が効果的であり、同時に共同配送や車両の大型化を進めることが有効だ。

だが、その実現にはコストの上昇やリードタイムの延長が求められる。それができるかどうかが、法令を遵守できるかどうかを左右する。運賃を上げることができず、リードタイムを延ばすこともできない現場では、ワークルールが守られていない。問題を先送りしている運送会社がおり、それを見て見ぬふりをしている荷主がいる。

そして私たち消費者も、スーパーで手に取る商品の価格が上がらなければ安堵し、上がれば困ると考えてきた。だが、問題はいつまでも先送りできるわけではない。

〝ハコ〟を運ぶだけのアメリカのトラックドライバー

［田阪幹雄］

「2024年問題」は日本の物流業界に大きな影響を与えた。しかし、日本の物流業界がその問題の本質的改革に向けて大きく動き出したかというと、今のところ必ずしもそうは言えないのではなかろうか。

そこで本コラムでは、トラック運送先進国であるアメリカの実態を通して、日本のトラック運送の本質的問題をあぶり出してみたい。

アメリカ連邦労働省労働統計局の公表データによると、2023年のトラックドライバーの月間平均労働時間は175・2時間、年間平均賃金はトレーラーを中心とする大型トラックのドライバーで5万7760ドル、宅配便などの小型トラックのドライバーで4万7350ドルとなっており、これを2023年の平均換算レートである140・56円で日本円に換算すると、それぞれ811万8746円と665万5516円ということになる。

このデータを本章で紹介されている日本の統計データと比較すると、アメリカのトラックドライバーは、日本のトラックドライバーよりもはるかに短い労働時間で、はるかに高い賃金を得ているという結論になる。

これだけの待遇を享受しているアメリカのトラックドライバーも、アメリカトラック協会によると、2021年時点で約8万人が不足しているとされている。しかし、日本の3倍近い人口、350万人以上のトラックドライバーを有するアメリカにおけるドライバー不足は、日本のそれと比べるとあまり重症とは言えないであろう。

それでは、アメリカのトラックドライバーが何故短い労働時間で高賃金を享受できているのかについて、見ていくことにしよう。

トラックドライバーの労働時間をチェックする「台貫場」

アメリカのトラックドライバーの労働時間は、1運行当たり最長運転時間が11時間、運転以外の作業や休憩を含む最長勤務時間が14時間、1運行後には必ず10時間以上の休息を取らねばならない。また、7日間で60時間、8日間で70時間勤務した後は、34時間以上のまとまった休息を取ることが義務づけられている。

しかし、このような規制だけでトラックドライバーの労働時間を適正に維持できるわけではない。それでは、アメリカではドライバーの労働時間を適正に維持するために、どのような対策がとられているのであろうか。第2章で言及されている日本のトラックGメンのような監視官が、個別の企業を訪問して調査・指導を行っているのであろうか。

確かに、アメリカの連邦政府や各州の運輸省の監視官が個別企業を予約なしに訪問して調査・指導を行う「抜き打ち訪問（サプライズ・ビジット）」も一定の規模で行われているが、それだけで350万人以上のトラックドライバーの労働時間の適正化を図ることは不可能である。実は、もっと大きな網が張られているのだ。

アメリカの州間高速道路には各州運輸当局が管理する700カ所前後の「台貫場（Weigh Station）」が設置されており、すべての営業用車両が立ち寄ることを義務づけられている。この施設の主たる役割は、その名の通り、車両総重量・車軸重量や貨物の積みつけが連邦や各州の規制に違反していないかどうかをチェックすることであるが、監視官が求めた場合には、ドライバーが運転日報を提示することもあわせて義務づけられているのである。ここで、労働時間規制に違反していると指摘されたトラックドライバーは、10時間以上の休息取得済みのドライバーと以降の勤務を禁じられ、雇用主であるトラック運送事業者は、10時間以上の休息取得済みのドライバーとの交代を命じられることになる。

実は、各州運輸当局の監視官は、台貫場に駐在しているだけではなく、工場地区や物流地区の道路をパトロールしており、ランダムにトラックを停めて、ポータブル重量計により台貫場と同じチェックを行っているのである。

各州運輸当局のこのような活動が、アメリカのトラックドライバーの労働時間の適正化に大きく貢献していることは間違いない。しかし、このような取り締まりにより労働時間の適正化ができたとしても、トラックドライバーに高賃金を享受させることはできないであろう。それどころか、現在日本で問題になっているような、トラックドライバーの収入減につながってしまう可能性さえある。

そこには、見逃せないもう一つの不可欠なポイントがあるのである。

貨物を運ぶのではなく、〝ハコ〟を運ぶ

オンシャーシ（トレーラーのシャーシにコンテナが載せられた状態）のコンテナを含むトレーラー輸送が大勢を占めるアメリカのトラック輸送においては、ドライバーは手待ちも荷役もせずに、荷主の戸前あるいは庭先にトレーラーを台切りして置いていく。以降の荷役作業はすべて荷主側の責任で行われる。戸前に台切りされたトレーラーの庭先への移動についても、荷主側の責任において、ヤードミュールと呼ばれる簡易トラクターヘッドで行われることが多い。

トラック運送業者のドライバーは、実入りトレーラーが空になるころに次の実入りトレーラーを運んできて空トレーラーを引き取り、空トレーラーが実入りになるころに次の空トレーラーを運んできて実入りトレーラーを引き取る。

トラックドライバーは“ハコ”を直接戸前に台切り

荷役が終わった“ハコ”は庭先に移動

戸前から庭先への“ハコ”の移動はヤードミュールで行う
（出所：アメリカの典型的な物流センターで筆者撮影）

つまり、アメリカのトラック運送事業者は、貨物を引き取り、運び、配達しているというよりも、トレーラーという〝ハコ〟を引き取り、運び、配達しているのである。従って、アメリカのトラックドライバーには、基本的に手待ち時間も荷役時間も発生しないのである。

アメリカのトラック運送事業においては、多くの場合ドライバーは、トレーラーという〝ハコ〟を荷主の戸前あるいは庭先に台切りすることにより、手待ちからも荷役からも解放されている。それに対して日本のトラック運送においては、単車と呼ばれる荷台と運転台が分割されないトラックが使用されているが故に、多くのドライバーが貨物から離れられず、1990年以来の規制緩和の流れのなかで無料のサービス役務として始まった長時間の手待ちと荷役作業に縛りつけられている。

すなわち、日本のトラックドライバーが1運行あたり10トン車で1往復しかできない距離を、アメリカのトラックドライバーなら、20トン積載できる53フィートトレーラーで2往復してしまうこともあり得るのである。必然的に、アメリカのトラック運送事業の方が、日本のトラック運送事業よりもはるかに大きな収入を得られるビジネスになっているのだ。これが、アメリカのトラックドライバーが高賃金を享受できている本質的なポイントだ。

トラックドライバーの労働時間を規制して取り締まるだけではなく、トラックドライバーの手待ち時間や荷役時間の削減を超えて、それらのくびきからトラックドライバーを解放し、本来業務である運転に専念させることが、短い労働時間で高賃金を享受させるための要諦なのである。

第3章

商慣行が深刻化させる
ドライバー不足

矢野裕児

急激な物流需要拡大による
ドライバー不足

高度経済成長期から最重要の命題であった労働力確保

ドライバー不足により、荷物が運べない、あるいは遅延するという、物流危機とも言える状態が問題となったのは、「2024年問題」が初めてではない。実は、これまでも数回あったのである。高度経済成長期においても、物流需要の急激な拡大によって、ドライバー不足が深刻な問題となっていた。

高度経済成長期である1960年代、1970年代初期は、経済の急成長とともに国内貨物輸送量は、図表3―1のようにトンベース（運んだ荷物の重さの合計）で1960年の15億トンから、1965年が26億トン、1970年が53億トン、トンキロベース（重量×距離）で、1960年の1383億トンキロから1965年が1857億トンキロ、1970年が3503億トンキロと大きく伸びたのである。

同時に、貨物を運ぶ輸送機関も大きく変化した。今では考えられないが、トンキロベースで見ると、1960年においては、トラックより鉄道で運ばれる貨物量の方が多かったのである。しかし、自動車の輸送機関分担率は1960年の15％から1970年には39％と拡大する一方、鉄道は39％から18％へと大幅に減少した。荷主企業にとって、短時間で、いつでも運んでくれる、ドアツードアのトラック輸送は利便性が高く、トラック輸送主体の物流に変化したのである。

このようなトラック輸送量の拡大に伴い、道路

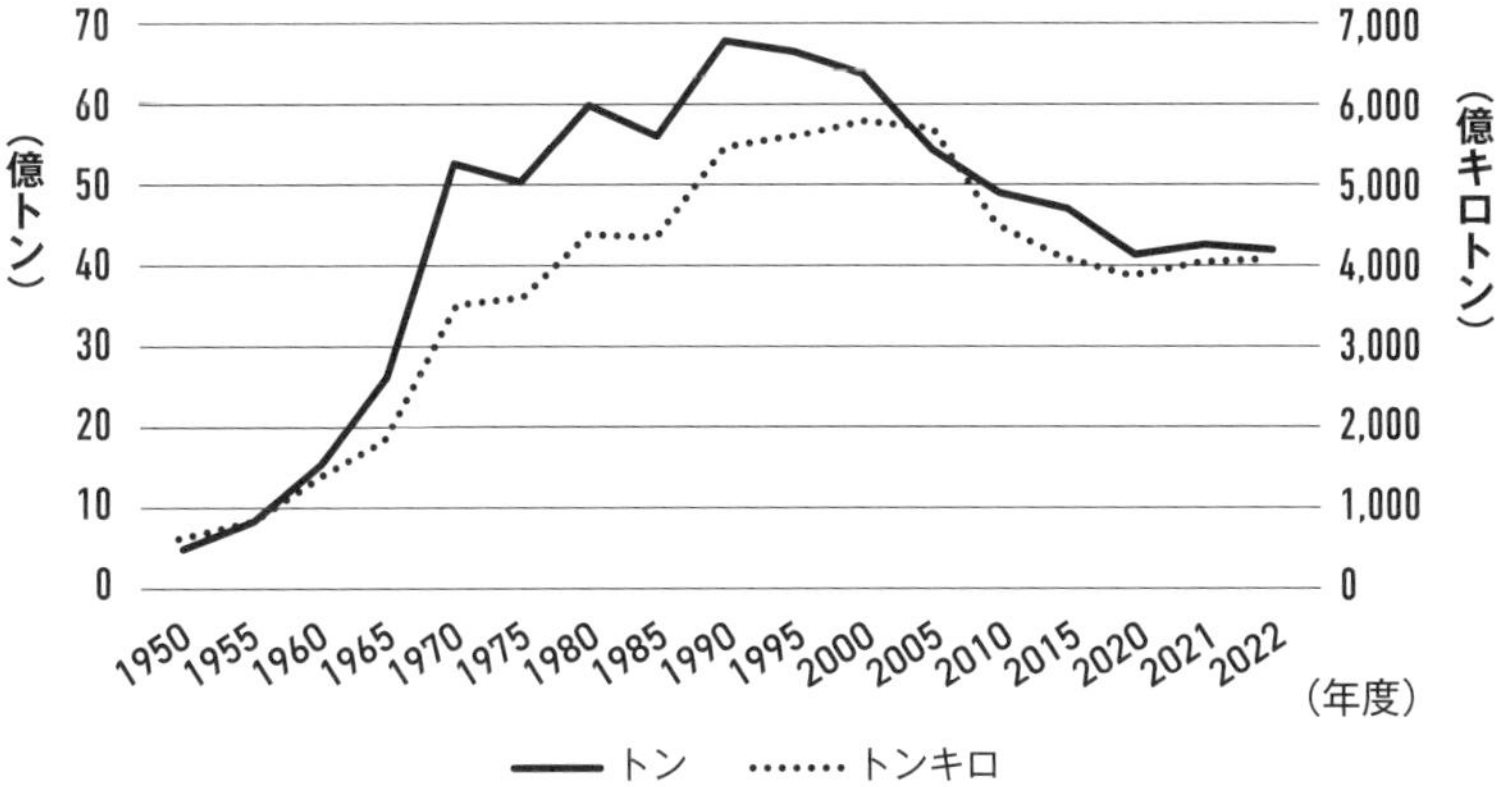

図表 3-1　トンベースおよびトンキロベースの国内貨物輸送量の推移

注：2020 年以降は 1 年ごとのデータを記載 ／ 出所：国土交通省資料をもとに作成

貨物運送業の就業者数も大幅に増大した。1960年は34万人であったのが、1965年に55万人、1970年には86万人と、約2・6倍に増加している。同期間の全就業者数の伸びは1・3倍であることから見ても、いかに高い伸びであったのかが窺える。

ただし、このように急拡大した道路貨物運送業の就業者数であるが、当時から定着率が低いという問題を抱えていた。

またこれほど就業者数が増加しても、重厚長大型産業が牽引する物流需要の急拡大に追いつかず、オーバーフローを起こすのではないかという危機感が当時からあった。1972年の経済審議会流通研究委員会報告「これからの流通」では「社会資本の充実の立ち遅れや労働力の不足が予想される下で、果たして増大する物流需要を消化できるのであろうかという懸念がある」と指摘している。高度経済成長期においては、供給側のキャパシティを拡大していくこと、そしてそのための労働力確保が最重要の命題であった。

当時から危惧されていた「物が動かない時代」の到来

当時の政府の運輸政策審議会での予測では、1969年の国民総生産（GNP）が52兆円だったのに対して、今では考えられない経済成長を見込んでおり、1985年には200兆円と3・8倍に達するとしている。これに伴い物流需要についても、国内貨物輸送は1969年の48億トンから1985年には203億トンで4・2倍、1969年の3508億トンキロから1985年には1兆7380億トンキロに達し、5倍に拡大するとしており、自動車輸送もほぼ同じように伸びるとしている。

このような物流需要の拡大に対して、道路貨物運送業の就業者数は1969年の73万人から1985年には155万人と2・1倍に拡大すると予測している。この数字は、年率4・8％増とならなければならず、当時の経済計画「新経済社会発展計画」の労働力供給の増加率1・1％を大きく上回っている。当時は、このような予測をするほどに、物流需要が拡大し、物流関連の労働力確保が、当たり前のことと認識されていた。1985年の就業者数予測の155

万人に対して、実際には120万人にとどまっている。

ただし予測の時点でも、物流の急激な需要拡大から見れば、就業者数の伸びは相対的には小さい。物流需要拡大に合わせた形で労働力を確保することが現実的には難しく、生産性を引き上げることが急務であると認識されていた。物流全体の生産性を1969年の8万トンキロ／人から1985年には15万トンキロ／人（自家用含む）と約2倍に、営業用については1・7倍に向上させるとしている。「これからの流通」では、そのためには「出荷ロットの大型化や計画出荷の推進などによる需要サイドからの合理化も前提としなければならない」としている。

このように、労働力確保が最重要課題であるが、同時に生産性向上が必要であることが指摘され、当時から現在問題となっている小ロット、輸配送が計画化されていないことが指摘されている。

また道路貨物運送業においての労働力確保において、新規労働力の確保が難しいことが問題となっていた。ドライバーの転職パターンとして、自家用運転手→区域トラック→路線トラック→タクシー→ハイヤー・個人タクシー→乗合バス→貸切バスが多いとされていたが、自家用から営業用への受け入れが必ずしも多いわけではないとされていた。ただ当時は、道路貨物運送業の年齢別の賃金は年齢格差が小さく、比較的若い世代での賃金水準は、他の職種に比べて相対的優位性があり、そのため、若い人がドライバーになる場合も多かった。

同時に、高度経済成長期は都市部を中心として交通渋滞が深刻化した時期でもある。「これからの流通」では、「今日の交通渋滞をみるとき、やがて「物が動かない」時代がやってくるのではないであろうか」と指摘している。大都市における集配効率は、1960年に1台1キロメートルあたり所要時間は6分であったのが、1965年には12分、1967年には14分と、交通渋滞により、1日1台あたり運行回数、輸送トン数が大きく減少している。このため、ますます労働力が必要な状況となっていた。

オイルショック後における
ドライバー不足問題

1973年のオイルショックは、日本経済の急成長に大きな影響をもたらし、ブレーキがかかった。実質GNPは1972年が85兆円であったのが、1973年・1974年は90兆円、1975年は93兆円と推移している。

一方、高度経済成長期においては、貨物輸送量はGNPの成長率を上回る伸びを示していたが、オイルショックは貨物輸送にも大きな影響をもたらした。1972年の59億トンから、1

973年の57億トン、1974年の51億トン、1975年の50億トン、1976年の50億トンと、大きく減少したのである。

この時代の認識として、後に日本物流学会会長などを歴任する中田信哉は1976年の『流通システム第2版』(日本経済新聞社)において、「これまでの物流システム論が、急速な貨物輸送量の増大に基づく物流キャパシティの飽和を予想するオーバーフローへの対処を根底に置いていたことを思い出さなければならない。しかし、オーバーフロー論が消えた形になった現在、新しい物流システムはその目的に極めて多面的なニーズを求められるようになってきた」とし、さらに、従来の「物流システムがオーバーフロー論を背景にしていたように企業の物流も企業成長、産業の拡大を背景にしていた。したがって、物流コストの削減、省力化という掛け声は確かに存在していたが、それは単なる掛け声にすぎず、(中略)、能力の拡大というものが物流システム化の中心課題であったはずである」と指摘している。

第1次オイルショック以降、1979年まで国内貨物輸送量は順調に回復傾向にあったが、同年に第2次オイルショックが発生し、再び大きく減少した。第1次オイルショックに比べて、第2次の経済に対する影響は小さかったとされるが、貨物輸送量から見た場合、第1次以上に影響は長期間にわたっている。

当時から問題視されていたドライバーの低い定着率

1980年前半は全職業計の有効求人倍率は0・6、0・7前後と労働力の供給が過剰な状態が続いている。しかしながらドライバーについては、全日本トラック協会「トラック輸送産業の現状と課題」は、「ドライバー労働力の供給源は、学校を卒業すると同時に就職し、定年まで1つの企業に長期間就職する新規学卒者ではなく、一度就業の経験のある転職労働者が大多数である。1つの企業に長期間就業するのではなく、短期間しか就業せず、また他に転出する労働者が多いという特徴があり、そのため、トラック運送事業における労務管理は、転職者市場の需給バランスに作用され、常に労働力不足感をもたらしている」と指摘している。

1976年に全日本トラック協会が実施したドライバーの意識調査でも、「運転を一生の仕事と考えているか」という問いに対して、「できるだけ早く転職したい」が27％、「将来は転職することも考えている」が53％となっており、当時から定着率が低いことが問題となっている。

従来、「短期就業のドライバーの雇用を可能にしていたのは、豊富な若年労働力の存在と、若年転職者市場における相対的な高賃金水準を道路貨物運送業が有していたためである」とされていたが、一方でこの時期には若年転職者市場における相対的な高賃金水準が低下する傾向も見られる。20歳代後半のドライバーの賃金水準は、1970年ごろは1000人以上規模の企業とほぼ同じであり、100~999人規模の企業を上回る水準であったが、1985年においては、1000人以上規模の企業より低く、100~999人規模の企業とほぼ差がなくなっている。高学歴化・高齢化が進展し、若年労働力が減少することは、ドライバー確保をさらに困難にさせることとなった。このようにドライバーの定着性が低いことから、企業においては常に労働力確保に苦労している状況であった。

需要拡大から縮小への転換とドライバー不足

高度経済成長期、さらにその後のバブル景気において、物流需要が拡大し、それに対応するためのドライバーが不足するという事態が起きた。同時に、１９８０年代後半から、物流の質的変化、すなわち多頻度小口物流、ジャストインタイム物流が進展することによって、さらにドライバー不足が深刻化することとなった。しかしながらバブル崩壊による景気後退、需要縮小とともにドライバー不足問題も下火となっていく。

バブル景気におけるドライバー不足問題

１９８６年末から１９９１年初頭までのバブル景気の時代、内需主導型の好景気に支えられ、高度経済成長期ほどではないものの、貨物輸送量が増えている。1985年から1991年にかけて、トン数ベ！スで21％増、トンキロベースで29％増となっている。同時に、多頻度化、小口化、ジャストインタイムが進展し、多様化、高度化する物流ニーズに対応することが求められる傾向が強まった。企業向けサービス価格指数の陸上貨物輸送についても、1985年を100とすると1992年は120を超えており、運賃が高騰した時期でもある。

物流における労働力需要は増大し、道路貨物運送業においての労働力不足は深刻となった。1989年の運輸白書においては、「トラックをはじめとする物流業は、その性格上労働集約的な産業であり、長時間労働をはじめとして労働条件が他業界に比べ厳しい現場部門を有することから、労働力確保の問題が深刻化している」とし、1990年の運輸白書では、「ドライバーの著しい労働力不足状態に陥っており、輸送需要に適切に対応できない場合も生じてきている」としている。運輸経済研究センターの調査では、1988年10月から1989年3月期に人手不足感が強まった道路貨物運送業事業者の割合は74％に達し、中小企業庁の調査（1989年12月）においては、人手不足から生じる問題について、運輸・通信業では、「受注をこなしきれない」「人員の増加が困難で事業の拡大ができない」ことを50％以上が挙げている。

1990年の運輸白書では、「運輸産業における労働力需給のミスマッチの大きな要因として、運輸産業の厳しい労働条件が考えられる。生活水準の向上等に伴い、労働者の意識や価値観が変化し、労働内容、労働環境、労働時間等の労働条件が厳しい業種が忌避されるようになっており、こうした業種では、特に若年層を中心として労働力の確保が困難となっている。そして、比較的労働条件の良い業種へ就職希望が集中し、労働条件の厳しい業種へは人が集まらず、ミスマッチが生ずることになる」という指摘をしている。

労働時間について見ると、運輸業の月間労働時間は従来、建設業と同程度であったが、当時は道路貨物運送業の所定外労働時間が長くなっており、道路貨物運送業の平均月間実総労働時間数は、1989年との比較で、建設業に比べて約31時間、調査対象の産業全体と比べると44時間も長くなっている。また、労働力不足は労働時間の短縮の動きを阻害することになり、ますます若年層を中心とする労働力が確保できなくなるという悪循環の原因にもなっている。給与についても、1人あたりの平均月間現金給与額は、道路貨物運送業はサービス業と比べて低い水準にあり、従来建設業と同程度か高かったものが、建設業よりかなり低くなっていると報告されている。

このような状況のなか、将来に向けての物流需給の見通しが発表されているが、トラックのトンキロベース輸送量の需要は1988年度で2438億トンキロなのに対して、2000年度は4200億トンキロまで伸びるとしている。それに対して、供給は道路整備、トラック保有台数、労働供給などの制約から2600億~3300億トンキロの輸送能力が限界であるとしている。すなわち6割から8割弱程度しか輸送できなくなるとしている。

1990年代後半以降のドライバー不足問題

1990年代初頭のバブル崩壊以降、状況は大きく変わる。道路貨物運送業における有効求人倍率は、常に全職業計を上回ってはいたものの、2003年度までは1・0を下回っており、ドライバー不足は大きな問題とはならなかった。

ただし、長期的に見た場合、確実に直面する少子高齢化社会に向けて、労働集約的な産業である道路貨物運送事業における労働力確保は困難になると、1999年に運輸政策研究機構により発行された「物流システムの高度化に対応した労働力の確保に関する調査報告書」においても指摘されている。物流業界における労働力実態の特徴として、「男性労働力が中心、高学歴労働者が少ない、短い勤続年数、長い労働時間、低い賃金水準」が挙げられている。さらに、1988年の労働基準法改正により、法定労働時間が短縮されたこと、さらに企業側も労働力確保の面から労働時間短縮に取り組む企業が増えたことにより、労働時間については、他業種に比べて改善傾向が著しいとしている。

しかしながら他業種に比べると、依然として長時間労働であることには変わりはなかった。賃金についても、「道路貨物運送業の実質賃金は、1987年以降頭打ちとなっており、他産業との賃金格差が開いている」と指摘されている。物流業全体の労働力不足の予測では、不足人数は2010年で39万人、2020年で67万人、特に輸配送に関しては2010年で22万人、2020年で39万人になるとされている。

2008年、国土交通省はドライバーの需給予測について検討している。経済成長率、輸送量の標準ケースでは、2003年の82万人から、2010年には必要ドライバー数が89万人となるのに対して供給数が82万人で、7万人不足、2015年には必要ドライバー数が88万人なのに対して供給数が74万人で、14万人不足するとしている。

ここで注目すべきは、必要ドライバー数は2010年から2015年にかけて減少するが、供給数が大幅に減ることから、需給ギャップとして大幅にドライバーが不足するとしている点である。この内容は、現在のドライバー不足の状況を見越したものではあったが、発表された当時はリーマンショックによってドライバーが過剰な状態にあり、物流事業者にとっては直面する課題という認識は薄かったといえる。

多頻度小口物流、ジャストインタイム物流とドライバー不足

1990年ごろから、多頻度小口物流、ジャストインタイム物流が大きな問題となった。一般的に、多頻度小口物流は、細かい単位で（小口）、短い期間内に何度も（多頻度）、多くの商品や部品や材料を（多品種）、決められた時間や時間帯内に（時間指定）供給していく方式であり、1975年以降進んだとされる。「消費の成熟による消費者のニーズ」と「企業の合理化要求から来る在庫削減ニーズ」を背景として進展したのである。多頻度小口物流、ジャストインタイム物流の事例として、まず挙げられるのが自動車産業のカンバン方式、コンビニエンスストアであるが、日本が進めた先進的な方式として評価され、他の製造業、流通業でも広く展開されていくことになる。多頻度小口物流、ジャストインタイム物流は物流コストの上昇につながるが、これによって最も恩恵を受ける着荷主側がコスト負担をすることはなく、さらに発荷主側から立場が弱い物流事業者に負担がいくこととなったのである。

しかしながら1990年初頭から、政府はドライバー不足が深刻化するなか、多頻度小口、

ジャストインタイムが物流に大きな負荷をかけており、人手不足下では維持が困難であること、流通コストの大幅な上昇につながること、交通渋滞、環境問題といった視点から、その見直しが必要であると複数の報告書で提言している。運輸省「物流業における労働力問題への対応方策について―21世紀に向けての物流戦略」（1991年）においては、多頻度小口配送における輸送需要の単位はあくまで生産や販売側の都合によるものであり、輸送側にアイドリングが生じやすく、物流の効率化・省力化の観点からは負の要因を含んでいると指摘している。

また、通商産業省「物流ビジョン」（1991年）においては、多頻度小口物流、ジャストインタイム物流と言っても、事業者ごとの取り組みの実態には大きな差異があることを指摘している。大別して2種類あり、①発注、配送が計画的に行われ、共同配送など積載率の向上のための取り組みが行われているケースと、②場当たり的な発注、配送が行われ、低積載率のままで配送が行われているケースがある。さらに①の場合には、その前提条件として、配送条件が明確に設定され、それに要するコストが分担され、コスト管理が適切に行われていることが必要であると指摘している。つまり多頻度小口物流、ジャストインタイム物流自体が問題であるのではなく、②に該当するものが多く、そのことが問題であるとしている。

ジャストインタイムという言葉が、「ある作り上げられたシステム」なのか「小口化、多頻度化、時間指定化の傾向」であるのかが明確にされずに使われている場合が多いことが問題であると、先述の中田は1992年の『多頻度小口物流』（中央経済社）で指摘している。本来は、ジャストインタイムは多頻度・小口・定時化されて配送されるという物流現象面だけをとらえたものではない。①に分類されるものが、本来の多頻度小口物流、ジャストインタイム物流であるのであり、情報システム化を基礎に省力化、合理化を行い、積載効率の向上と定時配送を達成する「物流システム化」のことであるとされている。中田と流通科学大学教授の長峰太郎による『物流戦略の実際』（日本経済新聞社）においても、多頻度小口物流、ジャストインタイム物流の本質は、計画化、平準化、同期化という考え方が本質にあるとしている。

この時期、多頻度小口物流、ジャストインタイム物流はこのような指摘が多くなされていたのにもかかわらず、その後も大きな見直しがなされることはなかった。需要に合わせて供給する同期化は、着荷主側から見れば在庫削減につながるのであり、着荷主側が要請する物流サービスとして拡大、普及する一方で、計画化、平準化あるいは「物流システム化」を置き忘れた物流が今日まで継続していくこととなる。

慣例による無駄が横行する物流現場

物流センターの実態から見えてくる問題点

これまで述べた通り、物流に関連するさまざまな商慣行が、ドライバーの労働時間を長くし、生産性を妨げる要因となっている。そこでここからは、物流センターの物流実態、さらに短いリードタイム、朝一番納品がもたらす問題点を見てみることとする。

ドライバーの労働時間が長くなる理由として、荷待ち時間、荷役時間が長いことが挙げられる。実際の物流センターでの物流実態はどのようになっているのだろうか。ここでは小売業の物流センターへの納入状況を見てみる。

チェーン化された小売業の物流センターには、数多くのメーカー、卸売業から商品が納品されるため、トラックが集中することとなる。物流センターでは、納品された商品を店舗別に仕分けし、各店舗に一括物流を実施することとなる。国土交通省、経済産業省、農林水産省、厚生労働省「荷主と運送事業者の協力による取引環境と長時間労働の改善に向けたガイドライン加工食品物流編」では、ある大手スーパーの物流センターの2018年後半から2019年前半の状況をまとめており、そのなかの物流実態の一端を見てみることにする。

年間のトラック受付台数は、1万9772台となっているが、月別、曜日別に見ると、繁閑差が大きい。7月、10月、12月が多く、月あたり1800台前後となっているのに対して、1月、2月は1400台程度であり、季節によって台数には大きな差異がある。さらに曜日でも、土曜日が最も多く、週末に向けて水曜日、木曜日も台数が多い一方、週明けの月曜日は少なく、その差は1・4倍となっている。本来は、毎日一定数のトラックが出入りすることが望ましいが、小売業の物流センター、店舗での在庫量は限られており、商品の売れ行きの変動に合わせざるを得ないという課題がある。このように繁閑差が大きいことは、物流効率化を大きく妨げることとなる。

また、納品について、パレットで行われているのは約5割となっている。特売商品についてはパレット利用が多いものの、それ以外の商品についてはバラでの納品が多く、手積み手卸しが多い。ある日のトラックの搬入状況であるが、朝の納品開始時刻が7時なのに対して、15台が7時前に到着し待機している状況である。特にある1台は夜中の12時近くに来て待機している。これは特殊な例であるが、4時以降は待機車両が多くなり、7時からの納品受付を待っている。ドライバーからすると、渋滞などへの対応もあり早く到着することが多いのと、朝一番で納品作業を終わらせて次の現場に行きたいということもあり、このような状況が発生する。

その後8時、9時にトラックが集中するが、物流センターに到着しても荷卸しができずに待つ荷待ち時間が発生することとなる。納品は午前、午後と比較すると、午前が大半である。午後の納品開始時刻は13時であり、終了時刻は14時40分であり、主に特売商品対応となっている。このように早朝の納品開始時刻にトラックが集中する場合が多く、物流センターの受け入れ可能台数を大きく上回り、荷待ち時間が発生している。

荷待ちが発生する要因として、物流センターの納品のためのバース（トラックが荷卸しをするための停車場）数が足りないといった受け入れ能力によるところが大きいが、同時に受け入れ時のトラックの作業時間も影響する。この物流センターでの積み卸しといった荷役作業、さらに附帯作業の平均時間は、約17分、長い場合は1時間17分となっており、荷物を卸す作業と同時に、台車、手作業で荷物を移動する作業を行っている割合が76％となっている。さらに運送してきた商品棚に納める、さらに先入れ先出しに対応して棚に納めている割合が36％となっている。加工食品では1商品、1ロット、日付別に納品先のパレットに積み替える作業などを行う場合もある。

このようにドライバーの多くが、さまざまな荷役作業、附帯作業を行っているのにもかかわらず、これらの作業内容は荷主企業と物流事業者の運送契約には明記されていない場合が大半である。すなわちドライバーが作業を行っても、その料金を受け取れていないことがほとんどである。最近、作業内容の見直し、運送契約の記載内容などを見直す動向が見られるが、業界全体に普及しこれらの状況が改善するには、まだ時間を要するだろう。

短いリードタイムがもたらす問題点

顧客が注文してから商品が届くまでの時間である「リードタイム」を延長すべきということが議論となっている。求められるリードタイムは商品によって違うが、加工食品、日用雑貨などの一般的な消費財においては、これまで卸売がメーカーに注文をすると翌日、小売が卸売に注文をすると当日あるいは翌日に配送先に納品される場合が多かった。

翌日配送については、１９９０年代から急速に進み、定着したとされる。翌日といった短い時間で確実に商品が納品されることは、注文する側、すなわち荷受け側においては、在庫管理が容易となり、在庫削減にもつながる。荷受け側は、変動する需要に対して欠品を起こさないように安全在庫を持っている。リードタイムが短いということは、安全在庫を減らせるのであり、逆にリードタイムが伸びると在庫量の増加につながる可能性が高い。そのため、荷受け側はできるだけ短いリードタイムを要求する。

ただし、このような短いリードタイムという商慣行は、決して荷受け側から要求したものとも言えず、供給側からサービスの一環として提供し始めたのが、定着してしまったという意見もある。いずれにせよ荷受け側にメリットがあるため、短いリードタイムが当たり前となってしまったのである。

供給側の作業は、注文を受けてから商品をピッキング、検品、仕分けをし、そのあとトラックに積み込み、配送するという流れとなる。リードタイムが短いために見込みの受注量で作業を開始せざるを得ず、その後変動があっても対応し切れず、車両の過不足が発生してしまう。あるいは短時間で配送車両を調達し、調整する必要があることから、効率的な配送計画が立てにくく、配送効率の悪化という問題が指摘されている。また、作業が夜間に及ぶ場合が多くなるという問題もある。

加工食品業界では、メーカーが卸売業に対して、リードタイムの延長を要請し、大手メーカーと卸売業の間では、2018年ごろから翌日配送から翌々日配送への見直しが進展している。翌々日配送にしたことによって、確定受注量で出荷作業を実施することができ、積載効率、配送ルートの適正化が可能となった。また、受け手側に対して事前出荷情報（ASN）を事前に送信することが可能となり、検品業務の効率化、ノー検品も一部導入されている。2018年の夏期繁忙期に、食品大手のキユーピーが実施した翌々日配送においては、翌日配送に比べて欠品件数が33％削減、納品時間切れ持ち戻り実績が58％削減、荷役開始時間の前倒し、車両確保が前日対応から前々日対応に変更できたなどの効果が報告されている。

リードタイムの延長については、荷受け側において在庫量が増える可能性があるという意見もあった。それに応じた金銭的な要求をするといった声が当初は一部あったとされているが、毎日納品であれば在庫量全体としてはそれほど影響はない、さらに今後予想される物流供給制約対応として欠かせない施策ということから、金銭的な受け渡しにはならなかった。同時に、メーカー・卸売間でのリードタイムの延長については、卸売での在庫量増加は限定的で、大きな影響はなかったとする意見が多い。

このように、リードタイムの延長は、メーカー・卸売間で先行的に進んだものの、小売との間では、当初はなかなか進まなかった。小売側の在庫量は小さく、短いリードタイムでの多頻度小口での供給をすることによって成り立っているためである。そのため、リードタイムが延びると、店舗での品切れに結びつきやすい。

そのなかで、例えば食品スーパーなどのバローホールディングスはドライ品（加工食品や菓子など常温保存される商品）について、店舗での予測する需要を翌日分ではなく翌々日分に変更した。店舗からの発注に対して、自社物流センター内在庫については、従来は店舗向けに当日配送をしていたが、翌々日配送へ見直しをした。また、サプライヤーからの供給の場合においても、店舗向けに翌日配送をしていたが、翌日に自社物流センターに入荷され、店舗向けには翌々日配送とした。さらに２０２２年から大手スーパーで構成される４社物流協議会、さらに２０２４年からＳＭ（スーパーマーケット）物流研究会として、翌々日配送への取り組みを始めている。

　現在、自動発注の導入、あるいは導入を検討している企業が増えている。発注作業の省力化と同時に、今後は物流効率化に結びつく可能性が高い。販売量に合わせて、その量をそのまま自動発注したのでは、逆に注文が小ロット化してしまうという問題があるが、ＡＩを利用し需要予測精度が高まり、かつ発注ロットをまとめることができるようになれば、物流効率化が進むことが考えられる。

　現状として、小売の在庫情報は、卸売、メーカーとは共有化されていないという問題がある。在庫情報が共有されれば、在庫状況に合わせて計画的な配送が可能となるのであり、リードタイムの見直しだけでなく、配送ロット自体をまとめることも可能となる。リードタイムの延長は、大きな前進ではあるものの、今後の課題もまだ多くある。

朝一番納品が抱える問題点

荷物の納品時刻が朝9時、10時といった朝一番ということがよく聞かれる。私たちも宅配便を利用するときに、配達時間帯を聞かれると、午後でも問題はないのに早い方が良いと午前中に時間指定をすることが多いのではないだろうか。

企業間の取引では「朝一番納品」というものが多いが、これが物流の効率化を妨げる要因となる。納品時刻が朝一番という指定となっていれば、物流事業者にとっては必須の条件となる。朝一番を守るために、ドライバーは夜間、早朝に走行し、物流センターに到着することとなるが、同様に朝一番と指定されたトラックが多数あり、集中してしまう。トラック台数が物流センターの納品のためのバース数を上回ることとなり、結果として、多くのトラックが待機し、長い荷待ち時間が発生することは珍しくない。このような光景が、毎日繰り返されているのである。

納品時刻を朝一番と指定しているものの、その時刻に本当に必要なものはどれだけあるのか、午後、あるいは翌日でもよいものも多いのではないか、さらに朝一番という指定を誰が決定しているのかということが問題となる。現実には、着荷主側は朝一番の必要はなく、納品された荷物が数時間、そのまま放置されていることも珍しくない。朝一番どころか、翌日、数日後でも問題がないという場合も多くある。

実際、紙加工品において、ある物流事業者が着荷主側に対して時間指定に対する意向を個別に確認したところ、従来、物流事業者が要求されていた指定時刻と着荷主が必要な時刻は大きく違ったということが報告されている。着荷主に必要な日時を個別にヒアリングし、時間指定の解除と前倒し納品（前日午後）を打診したところ、時間指定の解除については93％、前倒し納品については96％が賛同を得られ、従来は78％が午前中に配送されていたのが、大幅に効率化され、車両の回転数が9・8％向上し、必要車両台数が18台から14台へと削減されたという。この事例は「バラちらし」ともいわれている。また、加工食品などにおいては、朝一番にトラックが持って行っても、長い時間待たされ、受付時間を過ぎたということで、荷物を卸さずに車両が戻るという事態も以前は発生していた。

すなわち、朝一番ということを着荷主側が指定していない場合も多いのである。それでは、誰が朝一番を指定しているのかというと、発荷主側の営業がしている場合も多い。営業からすると顧客は朝一番に納品すれば文句は言わない、問題はないという意識が強い。そのため、いずれの納品についても朝一番という指示を出すという場合もある。さらに同様に、元請け物流事業者が、下請け物流事業者に指示している場合もある。

納品時刻を朝一番にすることは、荷待ち時間が発生すると同時に、車両の輸配送計画を効率的に立てることが難しくなり、必要な車両台数、ドライバーが増えることにもなりかねない。このように車両が同一時間帯に集中することを避け、納品時刻を平準化するなど、計画化するために、トラック予約受付システムを導入する企業も増えてきているが、導入率は全体の7％程度とされている。ただし導入をしても、例えば予定時間より早く到着するなどした場合にも、予約時間まで待たないといけないという問題もある。

このような問題が発生している根底にあるのは、企業間での情報共有が進んでいないことがある。企業間では、在庫情報が共有されていない。そのため、着荷主側に在庫が多くあれば、短いリードタイム、朝一番といった形で持っていく必要はない。その場合、翌々日あるいは午後でもよいということになるのである。このようにいつ、どれだけ納品してもらうかという物流条件を決めるのは着荷主であるが、物流に配慮されていないこと、さらに着荷主の正確なニーズが共有されていないということが、問題となるのである。

情報化・標準化が遅れる日本の物流

DXの前提条件が未整備

物流の効率化を図り、生産性を上げていく際、「情報化」「標準化」の重要性は、これまでも言われ続けてきたことである。この前提がなければ、物流の改革を推進していくことはできない。

そのようななか、流通における商流、物流に関するデジタル化、電子化の遅れは、大きな課題となっている。企業間での受発注に関して、従来は電話、ファクシミリの利用も多かったが、現在はインターネットの進展によってＥＤＩ（電子データ交換）が一般的となっている。さらに、日用品（プラネット）、加工食品（ファイネット）といった業界ごとに標準ＥＤＩが普及しており、大企業においては、ほぼＥＤＩへの移行が済んでいる。小売業界については、従来は公衆回線、ＩＳＤＮ回線を使用して通信を行うＪＣＡ手順を利用していたが、通信速度が遅いという問題があった。現在は、大手小売業を中心にＪＸ手順による流通ＢＭＳ利用が普及、拡大している。

受発注に関するデータ交換に関しては、デジタル化、電子化が相当程度進んでいるものの、それ以外の情報についてのデータ交換については未だ遅れている。企業間の情報共有では、例えば、小売業における日々の売上情報はメーカーなどと共有されていない場合が多い。そのため、特に新商品などについて、メーカーでは自社商品のリアルタイムの売上情報がないまま、生産管理、在庫管理をしなければならない状況にある。さらに、現状として取引先との間で在庫情報が共有化されていることはほとんどない。取引先の在庫状況が把握できれば、その情報をもとに計画的な輸配送計画を立てることが可能であるが、現状としては困難な状況にある。

物流現場では、企業内の物流情報システムの導入は進んでおり、輸配送に関する管理システムであるＴＭＳ、倉庫管理に関する管理システムであるＷＭＳは普及してきている。一方、発荷主・着荷主間（特にメーカー・卸間）での物流に関連する電子データ交換は、現状として遅れており、物流の効率化を妨げている。「入庫予定日」「発注番号」「商品コード」「入庫数量」といったＡＳＮが荷受け側に伝わらず、着荷主側は、いつ、どの車両で、どの商品が納品されるかといった情報がないまま、荷受け作業を実施している場合が多い。

最近は、通い箱、かご車などにＳＣＭ（Shipping Carton Marking Label または Shippng Container Marking Label）ラベルというバーコードがついた「出荷梱包表示ラベル」を貼って処理する場合もある。内容商品詳細や伝票番号を確認することができ、通い箱、かご車と中身の商品が紐づけされ、検品作業などを省力化することができる。ただし、ＳＣＭラベルは標準化されておらず、取引先ごとに様式が違うという問題がある。企業間の電子データ交換を進めていくうえで欠かせないのが、物流データの標準化であり、政府主導での標準化による物流・商流データ基盤を構築しようという動きもある。

「情報化」と「標準化」の両者は、切り離せないものである。メーカーにおいては、「標準化」が製品の大量生産、そして生産性向上における基本であり、そして標準化は単なる単純化、互換性というだけではなく、科学的管理法につながっている。他産業においては、標準化が進み、データ化というレベルの情報化は相当程度進んでいるものの、そのデータを活用し切れていないという問題を抱えている場合が多く、そのためにビジネスモデルを変革し、ＤＸ（デジタルトランスフォーメーション）を推進しようとしている。

一方、物流においてはＤＸの前段階とも言える「情報化」「標準化」が進んでいない。物流については、これまで定量的な現状把握がなされず、そのために問題点の分析、課題解決が難しいということが指摘されてきた。標準化することは、定量的に問題点を明確にし、分析することにつながり、その結果さまざまなボトルネックを取り除いて、物流がスムーズに流れる仕組みにしていくことが可能となる。個々の物流業務の標準化を積み上げ、システム総体として標準化されたビジネスモデルに変革していく必要がある。

２０２１年に閣議決定された「総合物流施策大綱（２０２１年度〜２０２５年度）」において目玉となっているのが、「物流ＤＸや物流標準化の推進によるサプライチェーン全体の徹底した最適化（簡素で滑らかな物流の実現）」である。「物流を構成する各種要素が標準化されることで、物流現場の作業が簡素化することはもちろん、自動化機器の導入による省人化が促され、人手不足のなかでも物流の機能と高度なサービスの維持が可能となる。（中略）、モノ・データ・輸配送条件を含む業務プロセスの標準化に連携して取り組むことが必要である」としている。

物流現場にあふれる多種多様なパレット

物流ＤＸの前提として、ソフト、ハードの標準化の重要性が指摘されている。ハードでは外装の標準化やパレットの標準化、ソフトでは伝票の標準化や受け渡しデータの標準化の項目が挙げられる。

パレットについて見れば、パレットを利用せず手積み手卸しが多いことと同時に、さまざまなパレットが存在していることが問題となる。日本においての標準パレットはT11（110センチメートル×110センチメートル）であるが、ビールパレットと呼ばれる酒類業界で使用される9型（110センチメートル×90センチメートル）、自動車業界・薬品業界・冷凍倉庫業界などで使用される12型（120センチメートル×100センチメートル）、袋物・整ビン・家電などで使用される13型（130センチメートル×110センチメートル）、袋物（米、化学品など）や家電などで使用される14型（140センチメートル×110センチメートル）など多くの種類のパレットが使用されている。

ヨーロッパ連合（EU）においてのユーロパレットの使用率が90％、アメリカにおいての48×40インチパレットが40％なのに対して、日本の標準パレットであるT11の使用率は低いと言われている。さらにパレットの共有化施策として有効なレンタルパレットのシェアは5％程度にとどまっている。また、クレート（繰り返し使用されるプラスチック製の輸送容器）の標準化も遅れており、ある大手小売スーパーでは、メーカークレートが120種類あったという例もある。そのため、クレートを各メーカーに返却するための作業、保管場所が必要という問題が発生する。

物流標準化の前提としての「サービスの標準化」

物流標準化として、「規格の標準化」と「サービスの標準化」がある。ハード、ソフト面の「規格の標準化」が遅れているが、商慣行などにより複雑化・ブラックボックス化し、個別企業ごとに物流条件、要求される業務内容が違うため、物流事業者が業務プロセスを「標準化」しにくい。つまり「サービスの標準化」が遅れており、これを改善しない限り次のステップに進むことができない。ハード、ソフトの「標準化」と同時に、作業プロセスの単純化・定常化、業務プロセスといった「サービスの標準化」に取り組み、計画化、平準化された物流に転換していくという視点が欠かせない。物流関連の業務の多くは、ルーティン化されておらず、そのため労働集約型という構造が続いてきた。標準化の議論をする際、常に仕事をいかにルーティン化に結びつけていくかということを念頭に置く必要があるのである。

標準化の事例として、2018年以降にマクドナルドが取り組んだ事例がある。全国に3000弱の店舗を有しているが、従来は店舗によって納品条件に大きな差異があったが、カート納品が約60%であったのを100%にした。また、納品形態として庫内納品、店舗内納品、店舗外納品、車上／納品所渡しがあり、各形態によってドライバーの作業負荷に大きな違いがあったなか、ドライバーの負担が大きい庫内納品をやめた。また、店舗の条件によって、納品のやり方が違うという問題があり、納品条件を再定義し、サービスレベルの差を是正した。これによって作業が平準化し、全時間帯で均等に納品することが可能となっている。また、週末の物量、重量物を平準化し、休配日を設定した。

物流の「標準化」に関しては、これまでも検討されてきたものの、なかなか実現、普及してこなかった。「官民物流標準化懇談会」設立趣意書において、従来の取り組みを「これまでは「総論賛成・各論反対」の域を脱することができず、一部の進捗を除き、未だに個社最適や少数のグループに閉じた部分最適が主流であり、物流全体としての最適化に資する標準化は程遠い状況にある」と指摘している。物流「標準化」の実現にあたっては、ステークホルダーが非常に多く、調整などが難しいが、目先の利益を考えずに取り組んでいく必要がある。その一方で実現した場合は、物流現場の生産性向上だけでなく、社会全体に与える効果も大きい。

日本通運が1949年に発行した「小運送作業の標準化の指針」に記述してある標準化の意義、標準化の重要性を、長くなるが引用する。「小運送作業の作業内容は複雑であり、かつ特異性があって、標準化はすこぶる困難とされている。しかしながら、いかなる作業を、いかなる手段、方法または動作によって、最小の時間と労力とにおいて、最大の能率を発揮できるか、の方法を、従来のように、個人個人の経験や勘にまかせておかないで、作業自体、作業環境その他作業能率に関連するすべての事項を科学的に分析し、整理し、要約して、一定の作業標準を作成し、この標準によって作業管理を行えば、作業上に無理や、無駄や、むらの生じることを防止し、いつでも、誰でも最少の時間と労力とで、最高の能率が総合的に発揮されることになるのである」。私たちが現在直面している問題点、そして「標準化」の意義を改めて確認できる。

標準化は、各企業の競争戦略における差別化と相容れないという指摘がある。確かにそういう面があるが、逆に各企業は、現状として顧客に対してカスタマイズされた物流サービスを提供して、それだけの対価をもらっているのかということを考えるべきである。すなわち一般的なサービス水準で提供する場合は、標準化して安価に提供し、そうでなくカスタマイズした場合、きちんと対価をもらうということが必要である。しかしながら、現状の物流サービスの多くは、その両者の区分がなされないまま、顧客などの要求どおりに対応している。標準化ということは、顧客へどのようなサービスを提供するかということの明確化でもある。

加工食品物流が抱える課題

品目ごとに物流が抱える課題には大きな差異がある。政府は、2018年度から荷待ち時間が特に長い輸送分野（加工食品、建設資材、紙・パルプの3分野）について、関係者による懇談会を設置し、それぞれの分野特有の課題の整理、実証実験、実態調査などを踏まえた課題解決に向けての検討を行っている。

加工食品物流は、ドライバーの拘束時間が長く、物流の効率化が特に喫緊の課題となっている分野であるが、本稿では国土交通省、経済産業省、農林水産省、厚生労働省「荷主と運送事業者の協力による取引環境と長時間労働の改善に向けたガイドライン　加工食品物流編」を参考に、加工食品物流の複雑な受発注条件、長い荷待ち時間、荷役時間、検品時間の現状、問題点を見てみる。

加工食品物流が直面している問題として、荷主企業は「トラック到着時刻を細かく指定されており、スケジュール最適化を進めにくい」を32％が指摘しているほか、午前中の指定が多いことなどにより、指定時刻が偏り最適化が進めにくいなどの問題があるとしている。「トラックの積載率が低い」ことも問題となっており、リードタイムが短いことなどにより混載が難しく、計画的な輸配送計画が立てられないという状況がある。ただし、企業によっては、物流の実態さえ把握していないという企業も多く、「配送は委託しておりトラックの状況は分からない」という回答が33％にのぼっており、物流が抱える課題自体を認識していない企業も多いという実態がある。

複雑な受発注条件

各種商取引条件、商慣行がリードタイム、ロット、波動といった物流条件を規定してしまうため、物流生産性向上を妨げている。各種商取引条件、商慣行が物流の生産性、効率化を無視したものとなっており、その関係をまとめると、図表3―2のようになる。物流の現場レベルで発生している問題は、発荷主と着荷主の受発注条件に起因する場合も多い。具体的には、短いリードタイム、小口の配送、各種要因による波動、過度な在庫削減といったしわ寄せが物流現場に行っている。

複雑な受発注条件	短いリードタイムでは輸送の効率化を図る余裕がない
	各種要因による波動が大きく、平準化されていない
	過度な在庫削減のしわ寄せが物流事業者へ
長い荷待ち時間	車両の受け入れが計画化されていない 先着順での荷卸しによる長い荷待ち時間
	細かい時間指定のためにトラックが集中
長い荷役時間	パレット化されずバラ積みで入出荷される製品がある
	パレット化されていてもサイズがバラバラ 外装段ボール箱が統一されていない
	消費期限ごとにパレットを積み分けている
	機械化や自動化が遅れている
長い検品時間	3分の1ルールの適用のために検品時間が長くなる
	検品に加えて年月日の入力業務が発生し、検品時間が長くなる
	発注情報に対して事前出荷情報（ASN）がなく事前準備が困難
	伝票が統一されていない

図表 3-2　加工食品物流が抱える課題　出所：筆者作成

①短いリードタイム

加工食品物流においては、短いリードタイムが大きな問題となっている。従来、多くの場合、発荷主企業から物流事業者に対して午後に出荷指図があり、翌日午前中に納品する運用となっていた。そのため、物流センターでは夜間に仕分け作業をし、さらにドライバーが夜間運転をせざるを得ない、さらに効率的な輸配送計画を組む余裕がない、車両確保が難しいといった問題が発生していた。

加工食品荷主企業へのアンケート調査によると、発注が納品の3営業日以前が35%、2営業日前が22%、1営業日以前が26%、当日が18%となっている。リードタイムによって直面している問題には差異があり、「トラック到着時間を細かく指定しており、スケジュール最適化を進めにくい」という回答は、当日が50%、1営業日前が38%の企業が指摘しているのに対して、2営業日前・3営業日以前では少なくなっている。同様に、「トラックの積載率が低い」についても、当日が44%、1営業日前が32%の企業が指摘しているのに対して、2営業日前・3営業日以前では少なくなっている。このように、リードタイムは配送の計画化、積載率に大きな影響を与える。近年、リードタイムの延長については、大手加工食品メーカーと卸売業との間での取り組みが進んでいるほか、小売業との間でも一部進展している。

②大きな物流波動

発注量の大きな変動は、配送効率を悪化させる。荷受け側の着荷主から見ると、できるだけ在庫を削減する一方、販売機会をロスしないように欠品率が低い状態を望むことから、変動する需要に合わせて、多頻度、小ロットで納入することを要請するが、それが過度になると、物流の効率化を著しく妨げる。変動の発生としては、午前・午後での1日の中での波動、週末の特売などによる週の中での波動、月単位の管理会計による月末月初の波動、販売奨励金の算定期限末による波動、長期休暇による波動などさまざまな原因で発生する。

発注量の平準化については、加工食品小売業の47%、加工食品卸売業の25%、加工食品メーカーの15%が取り組み項目として挙げているなど、企業の意識も高まっている。加工食品卸売業は入荷物量の曜日波動の平準化のほか、発注支援システムの活用により、発注曜日の集約や発注ロットを見直し、入荷頻度の削減、発注量の平準化に取り組んでいる企業もある。加工食品メーカーにおいても、曜日波動や月波動などの繁閑差を平準化する施策に取り組んでいる企業がある。さらに、納品日の集約についても、加工食品メーカーの25%、加工食品卸売業の17%、加工食品小売業の7%が取り組み項目として挙げている。

長い荷待ち時間

荷主の都合により、積み卸し、指示待ちなどのために待機する荷待ち時間が、加工食品物流では特に長いという問題がある。荷待ち時間は、発荷主側で商品を積み込む時、着荷主側の商品を荷受けする時の両方において発生するが、特に荷受け時の荷待ち時間については、着荷主側がどれくらいの時間が発生しているかの現状、なぜ発生しているのかについて把握していない場合も多い。

①車両の受け入れが計画化されていない

車両の受け入れが計画化されていないため、特定時間帯へ集中するなどして長い荷待ち時間が発生しているという問題がある。各納品車両の荷受け時間帯を設定し、計画的に受け入れるため、納入バースのトラック予約受付システムを導入している事例もあるが、現状の導入率は低いのが現状である。

②細かい時間指定

納品時刻が朝一番、午前といったように細かく指定されているために、特定の時間帯に車両が集中することにつながっている。また時間指定が細かく設定されているために制約が多く、そのため物流事業者は計画的な配送ルートを設定することが難しい。

長い荷役時間

納品の際の長い荷役時間も問題となる。特に、パレット化されずバラ積みで入出荷される製品についての手積み手卸しが大きな問題となる。加工食品関連では、即席めんやお菓子などの「容積勝ち（嵩が張り最大積載量まで積めないこと）」が発生する商品においては、少しでも多く積むため段ボール単位のバラ積みが多い。メーカーから卸売業への納品については、納品する際のロットが比較的大きいことから、パレット利用比率が相対的に高いが、卸売業から小売業への納品は低くなっている。また、パレット化されていてもパレットのサイズが複数種類あり、積み替え、積載の効率が悪くなるという課題もある。政府はT11型パレットへの統一を目指しているが、加工食品業界ではT12型パレットが一部使われ、ビールも独自のパレットが使われている。

パレットを利用する際に、外装段ボール箱のサイズが統一されていない、あるいはパレットサイズと合っていないという問題もある。これによりパレット上の積載率が低下したり、同一パレットへの異なる商品の混載が難しくなる。さらに食品の場合、同一商品でも賞味期限ごとにパレットを積み分ける場合が多く、そのため多くのパレットを段積みしなければならず、このようなミルフィーユ状態になっているという問題もある。

長い検品時間

食品の荷渡し時における検品時間が長く、ドライバーの待ち時間が発生している。荷受け側に事前に出荷情報が伝達されていないことが多く、さらに食品については、検品の際に賞味期限などを手入力している場合が多い。

①3分の1ルール

食品を製造した日から賞味期限までの期間の3分の1の間に納品が求められる商慣行（3分

の1ルール）があるが、このルールによる検品の場合、細かい日付管理が必要となるため、検品時間が長くなる。賞味期限が長い商品については、2分の1への見直しが進んでいるが、現在、3分の1のものと2分の1のものが混在し、物流および在庫管理を複雑化させている。また賞味期限の日表示が管理を複雑化させており、月表示にする動きが一部進んでいる。

②事前に出荷情報が提供されない

発荷主側から着荷主側に対してＡＳＮが提供されないことが多く、荷受け検品を納品伝票により人手で実施していることが多く、検品時間の長時間化につながっている。

③伝票が統一されていない

取引先ごとに伝票様式が違う、段ボールへの商品コード等の表示内容、位置が違うなどにより、商品確認に時間がかかるという問題がある。

このように加工食品物流の現場では、受発注条件、商慣行などが複雑に絡み合い、長い荷待ち時間、荷役時間、検品時間が発生しているのである。改善に向けてのさまざまな検討、取り組みが現在なされているものの、一筋縄ではいかないと言える。

モーダルシフトはなぜ進まないのか

長距離輸送で優位性保つ鉄道・船舶

ドライバー不足が発生する一つの要因として、トラック輸送比率が高いということがある。そのため長距離輸送を中心として輸送機関をトラック輸送から鉄道、船舶へ転換することが議論されており、この転換を「モーダルシフト」と言う。1本の貨物列車が1度に輸送する貨物量は、最大で10トントラック65台分、一般貨物船（499総トン）が1度に輸送する貨物量は、10トントラック160台分に相当し、物流効率化の重要な柱となる。輸送機関分担率の推移は図表3—3の通りである。

鉄道貨物輸送のトンキロベースの輸送機関分担率は、1990年代以降はほぼ横ばいで推移している。1990年代前半は6％弱で推移し、1990年代後半は減少し、2000年度、

２００１年度には３・８％にまで落ち込んでいる。その後、輸送量は減少し続けているものの、分担率では２０２２年度は４・４％となっている。

鉄道貨物輸送は石油薬品、セメント・石灰石、車両などの重量貨物を運ぶ車扱と、宅配便、食料工業品、紙・パルプ、化学工業品、農産品・青果物などを運ぶコンテナがあり、両者の比率は大きく変化してきた。ＪＲ貨物においては、従来は車扱の比率の方が高かったが、１９８５年度に逆転し、２０２１年度は７％にまで減少している。鉄道貨物輸送において、コンテナ輸送が大半を占めるようになっているものの、ＪＲ貨物のコンテナ貨物輸送量は２０００年代後半から２０１０年代前半にかけては２００億トンキロ弱で推移していたが、その後減少し、新型コロナウイルス感染症による影響もあり、２０２１年度は１６５億トンキロとなっている。

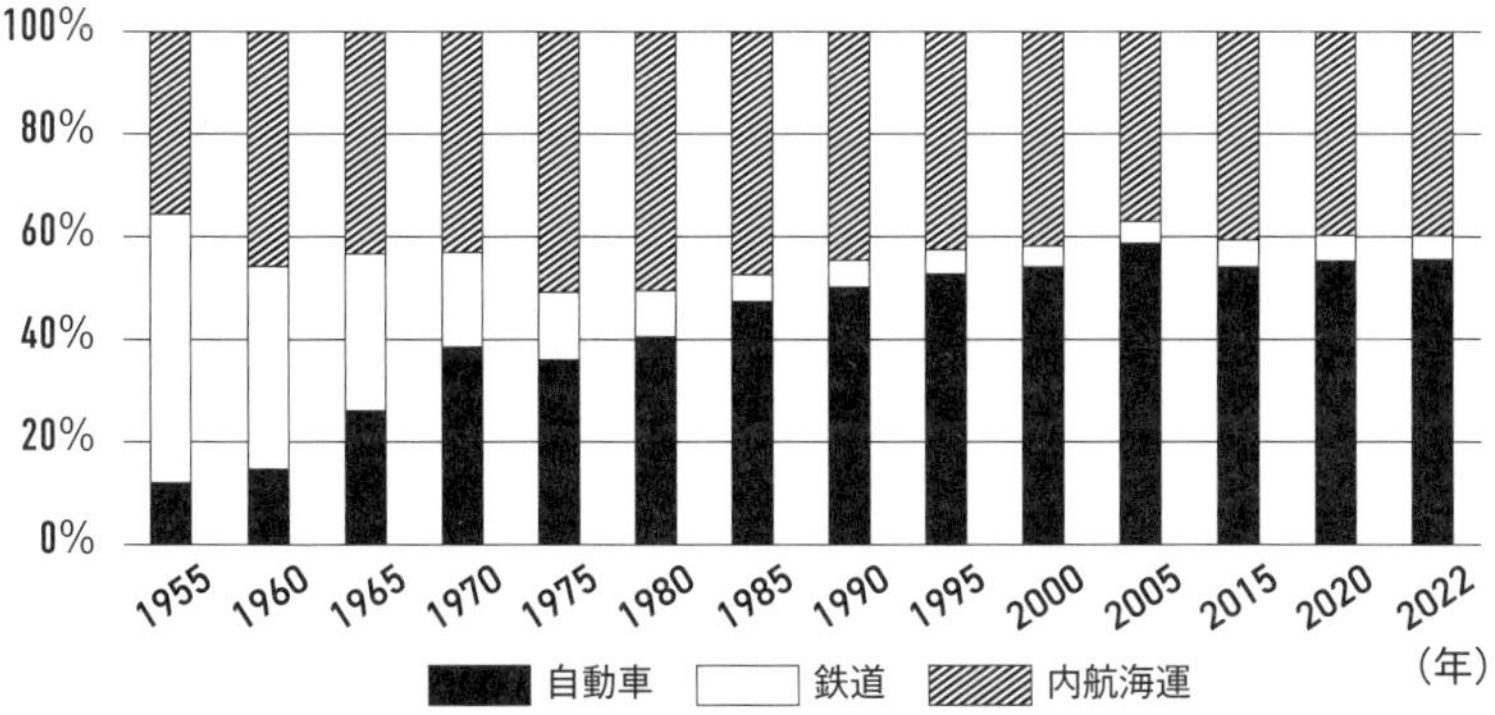

図表 3-3　輸送機関分担率の推移（トンキロベース）

注：国内航空による輸送は 0～0.2%のため省略 ／ 出所：日本物流団体連合会「数字でみる物流」をもとに作成

このように鉄道貨物輸送へのモーダルシフトの進展は遅れているのが実態である。なお、一編成車両を貸し切って輸送するブロックトレインは、現在12本が運行している。佐川急便、福山通運、西濃運輸といった特別積合せ貨物運送事業者と、日本通運、全国通運といった鉄道運送の貨物利用運送事業者、トヨタ自動車によるものがある。

船舶の分担率は、1990年代以降ほぼ横ばいで推移している。トンキロベースの輸送機関分担率は、1990年代前半は44%前後で推移していたが、その後減少し、2003年度は40%を割り、2009年度には32%にまで落ち込んだ。その後、貨物輸送量自体は大きくは伸びていないものの分担率は回復傾向にあり、2012年度以降は40%前後で推移している。

500キロメートル以上の長距離輸送においては、鉄道、船舶の優位性が高まり、トン数ベースでは船舶（RORO船、コンテナ船、その他船舶）が47%、鉄道が6%となっている。ただし、統計の輸送機関分担率においてフェリー利用はトラック輸送に含まれており、フェリーは6%であることから、フェリーを含む船舶は53%となる。

鉄道・船舶利用の実態と課題

鉄道、船舶による輸送については、トラックのようなドアツードアでの一貫した輸配送サービスができないことなどにより、トラック輸送に比べて輸送時間がかかること、さらに運行時刻が決まっていることから、時間の自由度が低いことが指摘される。さらに、近年の災害の多発化、激甚化により鉄道輸送ネットワークの寸断が大きな問題となっている。特に、2018年7月豪雨によって、山陽線が100日間不通になるなどの問題が起きた。安定性が低いため、利用者からすると、運休、遅延に備えて在庫を多く持つなどの対応施策も必要となる。

政府は2023年10月6日に発表した「物流革新緊急パッケージ」において、鉄道（コンテナ貨物）、船舶（フェリー・RORO船など）の輸送量・輸送分担率を今後10年程度で倍増させるという目標を立てている。特に、鉄道貨物輸送については10トントラックと同じサイズの31フィートコンテナ輸送を増強するとしている。また、輸送機関別の輸送量当たりの二酸化炭素（CO2）排出量は、営業用貨物車は208グラムCO2／トンキロであるのに対して、鉄道は20グラムCO2／トンキロ、船舶は43グラムCO2／トンキロと小さい。現状としては、鉄道、船舶の分担率は低いものの、ドライバー不足、環境問題対応は、モーダルシフトを進める大きなきっかけになることが予想される。

北海道発着荷物については、特に鉄道、船舶を利用する比率が高くなる。ホクレン農業協同組合連合会は、北海道外向けに年間193万トンを輸送しており、フェリー、ＲＯＲＯ船が123万トン（63％）、鉄道貨物が66万トン（34％）となっている。生乳、青果物、米、でん粉などについてはフェリー、ＲＯＲＯ船が利用されている。生乳は釧路港から日立港向けの高速ＲＯＲＯ船「ほくれん丸」を利用している。18時に出港し、翌日の14時に日立港に到着し、乳業メーカーなどへ輸送され、その後首都圏での3日目配送がなされる。ピーク時には、1日に1リットルの牛乳換算で約100万本分が運ばれている。

フェリーについては、関東向けは苫小牧～大洗、関西向けは苫小牧～敦賀が利用されている。フェリー、ＲＯＲＯ船については、関東、関西向けに最速20時間運航ができ、大ロットで運ぶ場合にコスト面や鮮度維持輸送に優位性がある。一方、鉄道貨物は玉ねぎ、馬鈴薯、米、でん粉が多く、5トンコンテナを利用することによって小口輸送が可能であり、全国向けの輸送ができるというメリットがある。

顧客先への納品で活用できるか

日本の物流は低コスト、迅速性、利便性を求めてトラック輸送に大きく依存してきた。しかしながら、トラックの確保が容易でかつ運賃も安いという前提条件が崩れるとなると、最近は、500キロメートル以上の幹線輸送区間を鉄道、船舶に大幅に転換する企業も出てきている。

味の素は関東〜関西間のリードタイムを1日延長し、モーダルシフトを進めるとしており、500キロメートル以上の長距離輸送において、2015年度に74％であったモーダルシフト率を、2021年度には90％に拡大している。ネスレ日本では、顧客である小売業などと調整し、従来900キロメートル以上はフェリー、700キロメートル以上は鉄道への転換を実施している。同時にパレット輸送を実施することによって省力化を図っている。さらに2024年2月からは、静岡県島田工場から関西の納品先に対して、JR貨物静岡貨物駅・百済貨物ターミナル駅（大阪市）間の中距離である330キロメートルについて、毎日200トン（40コンテナ）を鉄道輸送へ転換した。

従来、モーダルシフトは、長距離かつトラックに比べて輸送コストが安い輸送においての転換が進んできた。モーダルシフトを実施する場合、従来のトラック輸送で実施していた物流条件を変更することなしに転換することは困難であり、リードタイムの見直し、荷受け側の在庫の積み増しなどが必要である場合も多い。そのため、自社内の拠点間輸送については比較的実施が容易なのに対して、顧客先への商品納品においては、顧客との調整が必要であり実施が難しく、取り組みが進んでこなかった。今後、モーダルシフトをさらに進展させていくためには、顧客先への納品での利用が欠かせず、発着荷主と物流事業者が連携して取り組むこと、さらにその際にリードタイムなどの物流条件の見直しも含めて取り組む必要がある。

海外での鉄道貨物輸送は、国際海上コンテナの輸送が中心の場合も多い。例えば、韓国においては釜山新港とソウル近郊のターミナル間の鉄道貨物輸送が進展している。日本においては、これまで国内貨物を中心に鉄道貨物輸送が展開されてきたが、今後は国際海上コンテナ輸送についても検討していくことが重要である。現状として40フィート国際海上コンテナ対応の荷役機器を有するのは5駅のみであり、さらに40フィート背高コンテナは、東京貨物ターミナル〜盛岡貨物ターミナルの区間に限られている。現在、低床車両の開発が進められており、今後の進展が期待される。また、国際海上コンテナ輸送については片荷輸送になる可能性が高いのに対して、ある小売業では、帰り荷として国内輸送貨物の積載を検討している事例もある。さらにJR東日本は、新幹線を利用した貨物新幹線について検討を始めている。

物流に大きな負荷をかける多頻度小口・ジャストインタイム

高度経済成長期、バブル景気は、需要急増に起因するオーバーフローによる「物が運べない」という問題を発生させた。そして現在は、ドライバーなどの労働力が減少し、供給が制約されることよる「物が運べない」時代を迎えようとしている。

新たな労働力の確保が難しいなか、以前から言われてきたのは物流の効率化、生産性向上への取り組みである。これらの取り組みは、物流現場の問題として捉えられがちであるが、実際にはサプライチェーン全体の問題でもある。そのため物流事業者だけでの取り組みには限界があり、発着荷主企業なども含めた抜本的な改革が欠かせず、サプライチェーンを構成するサプライヤー、メーカー、卸売、小売が連携しての取り組みが必要である。

現代の物流においては、在庫を削減し、多頻度小口物流、ジャストインタイム物流ということが当たり前となっている。しかしながら過度な多頻度化、小口化、短いリードタイムといった商慣行が求められ、物流に大きな負荷がかかっている。本来のジャストインタイム物流は、計画化、平準化、同期化の考え方が基本となる。しかしながら、変動する需要に対して供給の同期化を追求する一方で、計画化、平準化がなされていない場合も多い。物流現場においては、短いリードタイム、朝一番納品といったことで混乱し、さらにモーダルシフトの遅れ、情報化、標準化が遅れているという問題を抱えている。これらの課題をいかに解決していくかが求められているのである。

第4章

荷主・消費者にとっての「当たり前」は持続可能か

矢野裕児

「2024年問題」の影響

最も影響を受けているのはどの業界か

2025年1月時点において、物流の「2024年問題」によって、物を運ぶことができない、あるいは遅延するといった事態はほとんど起きていない。その理由として指摘されているのが、荷動きの停滞である。物価高などにより輸送需要が停滞しており、需給バランスでは、供給が需要を上回っている状態であり、これにより物を運ぶことができないといった深刻な問題は発生していないとされる。

しかしながら、求荷求車情報ネットワーク（WebKIT）では、スポット（随時契約）の荷物情報ではあるが、求車件数は上昇傾向にあり、2023年4～12月と2024年同期間を比較すると、13％増となっており、トラックを探す件数が多くなっている。同時に成約運賃指数も2010年4月を100として、2024年12月は148と今までで最も高くなっており、運賃上昇も顕在化している。

また本稿を執筆している2025年1月時点では、2024年度末に向けて需給バランスが崩れる可能性があることも指摘されている。1年間の時間外労働上限は960時間とされているが、この際の1年間というのは、労働基準法第36条に基づく労使協定の締結時期と合致するものであり、企業の多くは年度単位で設定していることが多い。年度初めに時間外労働を多くすると、そのしわ寄せとして、年度末になると影響が出てくる可能性があるのである。

ドライバーの長時間労働はどのような実態であるのか。2021年、すなわち改正前において、当時の基準である3516時間を超過する労働時間で勤務しているドライバーは、トーマツ「トラック運転者の労働時間等に係る実態調査事業報告書」によれば、輸送全体では4%、長距離輸送では7%であった。2024年4月から基準が厳しくなり3300時間となったわけであるが、もし2021年時点での働き方をそのまま継続した場合、基準を超過する輸送は全体では22%、長距離輸送では32%に達するのであり、これだけの輸送が、従来の輸送方法では運ぶことができなくなる。このように2024年4月以前においては、改善基準告示があるのにもかかわらず、基準を超えて業務を行っているドライバーが多くおり、その長時間労働によって日本の物流が回っていたという実態がある。しかしながら、法令遵守が求められるなか、今後、運べないということが発生することが危惧される。

ドライバーの拘束時間は、運んでいる荷物の荷主企業によって大きな違いがある。長距離輸送について詳細に見ると、図表4―1のように飲料・食料品（製造業）が、特に長い拘束時間となっており、2024年3月までの従来の基準を超えているのが26％、改正された基準では69％が超えることとなる。続いて長いのが、農産・水産品出荷団体であり、従来の基準を超えているのが18％、改正された基準では54％が超える。特に、農産・水産品出荷団体が取り扱うのは生鮮品であり、かつ長距離輸送割合が高いという特徴があることから、「2024年問題」の影響を最も受ける可能性が高い。

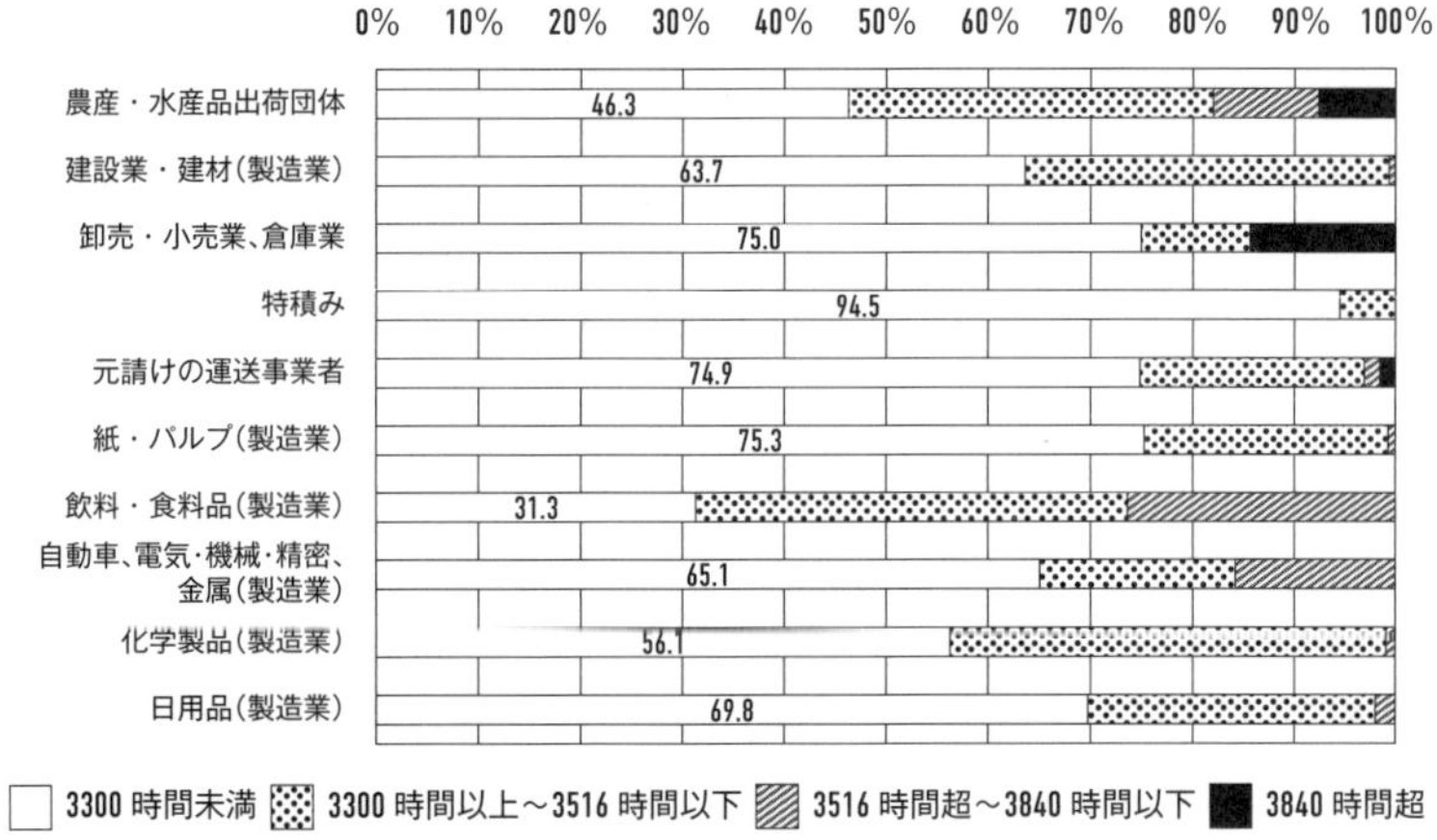

図表 4-1　年間拘束時間別の自動車運転者数（長距離）

出所：トーマツ「トラック運転者の労働時間等に係る実態調査事業報告書」をもとに作成

長距離輸送に頼る生鮮品物流

卸売市場を通じ食卓に届く生鮮品

私たちは、全国で生産された野菜、果実、魚類、花きなどの生鮮品を全国の小売店舗で手にすることができる。このような現在の消費生活を支えているのが物流である。生鮮食料品は、産地から消費地に短時間で輸送する必要があると同時に、長距離輸送比率が高いという特徴がある。一方、「2024年問題」で、最も大きな影響を受けるのは長距離輸送である。2024年以前から、特に長距離輸送を必要とし、かつ量が小さい出荷先については、産地側において、出荷自体を見直す動きが顕在化していた。

生鮮食料品の流通で、重要な役割を果たすのは卸売市場である。卸売市場と言っても、マグロのセリの光景はよくテレビ放映されるものの、そこで何が行われているのかは分かりにくい。

卸売市場が果たす役割として、全国から生鮮食料品を集荷し小売業などに分荷される、市場内で卸売業者と仲卸業者・買参人などの取引により価格が形成される、さらに生産者に対して代金決済される、などの調整機能がある。卸売業者の集荷機能、仲卸業者の目利き機能などが重要であり、安定的に生鮮食料品などを供給する役割を果たしている。

現在、全国で65（40都市）の中央卸売市場、901の地方卸売市場がある。野菜、果実といった青果を見ると、全国で生産、収穫されたものは農協、集出荷組合・業者を通じて、消費地側の卸売市場に輸送される。その際、深夜に走行する大型トラックなどで輸送され、早朝に卸売市場内で卸売業者と仲卸業者・買参人との間で取引が行われ、小売業者によって、小売店舗に並ぶ。このような経路を通じて消費者は農産品を手にしている。

農林水産省「卸売市場データ集」によれば、青果の場合、1989年度に卸売市場を経由する率は数量ベースで83％であったのが、1992年度に80％、2001年度に70％、2012年度に60％を割り、2021年度は54％にまで減少している。特に、果実は1989年度に78％であったのが、2021年度には37％となっている。野菜についても、1989年度に85％であったのが2021年度には63％にまで減少している。このように市場経由率が低下している理由として、輸入農産品、さらに外食産業向けにおいて市場外流通の割合が増えていることが挙げられる。

一方、国産青果物については、卸売市場経由率は高い。2013年度は86％であったのが、2021年度においては76％と低下傾向は見られるものの、卸売市場経由が大半を占めている。道の駅などの直売所の伸長は近年顕著であるものの、全体の取扱量から見ればまだわずかと言える。また、スーパーなどにおいて産地からの直接仕入れが一部進んでいるものの、品ぞろえを確保するという面から、卸売市場経由が依然として主要な仕入れルートとなっている。このように国内生産された青果については、卸売市場を経由したものが多く、重要な役割を果たしている。

地方から東京まで長距離を運ばれてくる野菜

日本においては、全国の生産地で生産、収穫された野菜が、全国の消費地に流通することによって、私たちの食卓は支えられている。

東京都中央卸売市場における、野菜の生産地別重量割合の推移を見ると、関東地方が第1位を堅持してきたものの、その構造は大きく変化してきた。1960年においては、関東地方内で生産したものが72％を占め、近郊で生産したものが大半であった。当時は、現在ほど流通システムが確立されておらず、輸送面においても、温度管理が進んでいないことから荷傷みが発生しやすいなど、長距離輸送が困難であったことが背景にある。同時に、トラック台数が限られ、高速道路などの道路ネットワークが脆弱であることから、築地市場には鉄道の引き込み線があるなど鉄道輸送が重要な役割を果たしていた。関東地方の割合は1990年代まで減少し続けたが、その後、2000年以降は45％前後で推移している。長期的に見た場合、関東地方が減る一方で、関東他方以外からの流通が増加している。このように、東京都中央卸売市場の野菜を見ると、全国から集まり、長距離輸送の比率が高いことから、「2024年問題」の影響を大きく受けることが想定されるのである。

「2024年問題」によって、特に影響が大きいのは500キロメートル以上の長距離輸送である。輸送距離が長ければ運転時間が長くなるため、当然拘束時間が長くなる。さらに荷待ち時間、積み卸し時間などが長い場合、さらに拘束時間が長くなる。同時に、長距離輸送については、休息期間をきちんと取らないといけないが、その時間の基準が延長されたことにより、従来よりも時間がかかるということが発生する。

例えば九州から東京向けに野菜を運ぶ場合、従来は1日目の16時頃から積み込みを開始して走行し、2日目の夜に、関東などの複数の卸売市場で卸す。そのようにして運ばれた野菜は、東京などの卸売市場で3日目朝に販売されていた。

しかしながらこのままのスケジュールでは、2024年4月以降の改正された基準では、休息期間が不足したり、拘束時間が超過したりする可能性が高い。改正された基準に合わせた場合、到着時間が遅くなり、消費地側の卸売市場では4日目朝の販売になる可能性がある。これによって、鮮度が落ち、市場価値が下がることも考えられる。ただし、予冷をしてその後もきちんと温度管理をすれば、従来の輸送より商品の状態が良いという結果もある。

九州・東京間の長距離輸送を担うドライバーは、従来は4泊5日といったスケジュールで運行していた場合が多いが、従来よりも時間がかかるとなると、スケジュールを変えざるを得ない。また、フェリーを利用すると、3日目販売に間に合うが、フェリー料金が上乗せになるために割高になる。このような状況のなか中小物流事業者においては、長距離輸送から撤退する事例も増えている。このように、長距離輸送については、輸送方法を大きく見直さざるを得ない状況といえる。

地方でより危ぶまれる生鮮品物流

全国の中央卸売市場において、野菜はどこから入荷されているのか。野菜の産地からの輸送距離を見てみる。特に問題となる500キロメートル以上（海外は除く）の長距離輸送割合（重量ベース）を整理すると、図表4―2のようになる。長距離輸送割合が最も高かったのは和歌山市中央卸売市場で64％、大阪府中央卸売市場が61％と続いている。50％以上であったのは、姫路市、松山市、岡山市、大阪市、沖縄県、高松市、福井市、京都市、奈良県の各中央卸売市場である。このように関西圏、さらにその周辺の四国などの市場において、長距離輸送割合が高い傾向が見られる。また、沖縄県も高くなっている。

一方、首都圏の中央卸売市場は、近接して千葉県、茨城県、長野県などの大生産地があることから、比較的近距離の生産地から入荷している。東京都中央卸売市場などは、最も全国から長距離で輸送しているような印象があるものの、長距離輸送の割合は36％にとどまっている。横浜市、川崎市の中央卸売市場についても、長距離輸送は4割弱となっている。

地方の卸売市場については、地産地消で多くの農産物を自県内あるいは周辺から調達している卸売市場と、逆に調達できない卸売市場に大きく二分される。トラックが日帰り運行できる範囲は250キロメートル程度とされる。このような250キロメートル以内からの入荷割合が高い中央卸売市場は、宮崎県で77％、札幌市で72％、青森市で70％となっている。一方で250キロメートル以内からの入荷割合が低いのは、広島市が16％、さらに20％台が仙台市、大阪市、名古屋市、京都市、奈良県、福井市の各中央卸売市場である。これらの市場では、長距

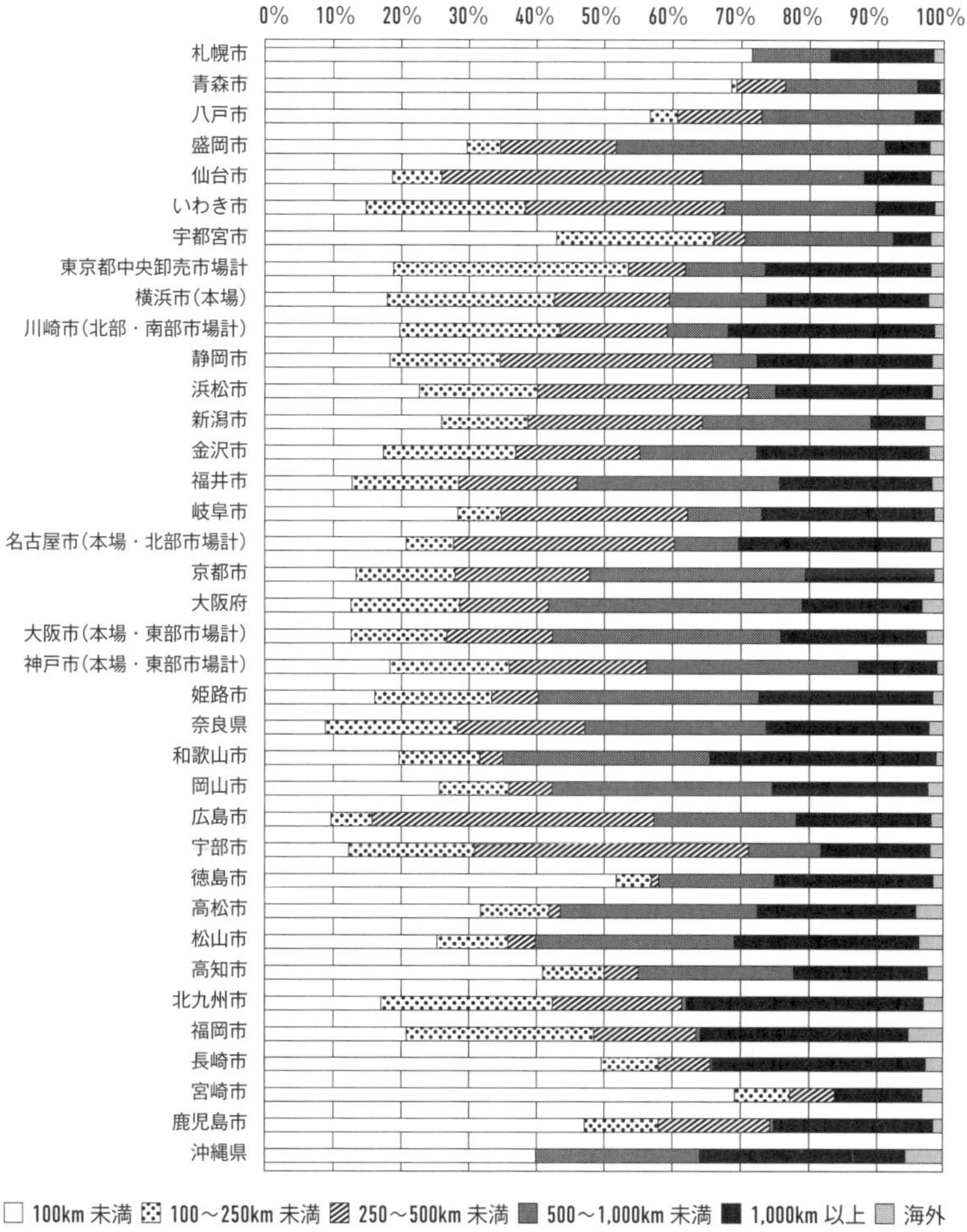

図表 4-2　中央卸売市場の野菜の産地からの距離帯別割合（重量ベース）

出所：各中央卸売市場の年間報告書をもとに作成

離輸送割合が高いところが多く、特に福井市が52％、広島市が41％となっている。

　野菜の品目別に５００キロメートル以上の割合を見ると、じゃがいもが82％、たまねぎが73％となっており、これらは北海道での生産量割合が高く、北海道から全国の市場に輸送されている。続いてにんじんが49％、ピーマンが45％、なすが42％である。

　逆に、輸送から見て日帰り運行が容易な２５０キロメートル未満の割合を見ると、ほうれんそうは77％と特に高く、近い地域から供給されている。続いて50％台は、レタスが57％、ねぎが56％、キャベツが52％となっている。

　多くの品目において５００キロメートル以上の割合が相当程度あり、長距離輸送によって、全国の卸売市場に向けて野菜が供給される一方、日帰り運行が容易な２５０キロメートル未満の割合は、ほうれんそうを除いて低く、近隣で確保するのは難しい状況が窺える。

　このように品目別、地域別に見た場合、５００キロメートル以上の割合、逆に２５０キロメートル以内の割合には大きな差異があるものの、全体として、長距離輸送に頼っている部分が非常に大きく、近隣での調達は限定的である。さらに、このような問題を抱えているのは大都市圏という認識が強いが、実際には地方圏においても深刻な問題である。今後、特に長距離輸送において、ドライバー不足の深刻化により、市場における野菜調達が非常に難しい状態になることが予想される。

農産品物流が抱える課題と対応

「全国どこでも、さまざまな野菜が手に入る」は持続可能か？

ドライバー不足は、農産品物流に重大な影響をもたらすという認識が高まっている。農林水産省・経済産業省・国土交通省が２０１７年3月にまとめた「農産品物流の改善・効率化に向けて」においても「現状の農産品物流は逼迫しており、農業者からは思うように運べない、小ロットでは物流費が高くなるといった声が上がっている」と指摘されている。特に、遠隔地においては、長距離輸送のトラックが確保できない、繁忙期は確保できない状況が発生している。また、トラックを貸切できるほどの量がある場合はトラックを確保できても、小ロットの場合は輸送が困難であり、輸送できても物流コストが非常に高いという問題が起きている。そして「トラック業界は高齢化が進んでいることもあり、今後も人手不足が深刻化する可能性があるなか、負担の大きい農産品を運ぶトラックドライバーの確保がさらに困難となり、農産品の物流は、今後立ち行かなくなる可能性がある」と、今後さらに大きな問題になるとしている。

農産品流通は、生産構造や品目の特性、消費者ニーズなどに対応するため、全国から迅速に集分荷する多段階の流通形態として発展したが、それがトラック輸送に大きな負荷を与える要因となっているという指摘がある。現在、全国どこでも、全国で生産された農産品を手に入れることができるが、それを実現するためには、全国の生産地から全国の消費地の卸売市場に輸送され、小売店舗などに供給する流通システムが欠かせないのであり、それによりトラック輸送に大きな負荷がかかっているのである。

農産品の物流業務の特徴として、①出荷量が直前まで決まらず、出荷待ち、荷卸し待ちなどの荷待ち時間の長さや、長距離輸送による長時間の拘束、②手積み手卸しなどの手荷役作業が多く重労働である、③突然の行き先変更や厳しい品質管理、厳格な到着時間など運行管理が難しい、④帰り荷がなかったり、小ロット多頻度輸送が求められたりする、といったものが挙げられ、ドライバーが敬遠するといったことも挙げている。農産品物流においては、ドライバー確保が、他品目以上に難しくなる可能性が高いのである。農林水産省が実施した青果物物流の現状に関する調査結果によると、集荷先が2カ所以上は約6割、荷卸し先が2カ所以上は約7

割となっている。従来は、1カ所で集荷し、1カ所で荷卸しをするといった輸送は非常に少なく、さまざまな青果物を混載して5、6カ所の卸売市場に輸送している状況にあった。

しかしながら最近は、立ち寄る卸売市場数を減らし、1、2カ所程度に絞ることが多い。そのため、生産地側ではロットがまとまらない市場向けの出荷をしないなどの動向が見られる。例えば、従来は鹿児島の生産地から広島の市場などまで輸送されていた青果が、九州内で止まってしまうといった事例が出ている。

農産品物流の課題と解決策

農林水産省「物流事業者に対する青果物流通に関するアンケート結果」(2022年)によると、青果物について、積み込みのための待機時間が30分以上なのが約6割、作業時間が30分以上なのが約8割となっている。荷卸しについても同様に、待機時間30分以上が約6割、作業時間30分以上が約6割となっている。このように、待機時間、作業時間が長いことから、ドライバーの拘束時間が長くなる傾向にある。

荷姿についてはパレット積みが60%、バラ積みが40%である。ただし、パレット積みでも、パレット化された貨物を、フォークリフトなどでそのまま荷卸しするのは36％にとどまっており、パレット化された貨物を、別のパレットに積み替えて荷卸しするのが11％、バラして荷卸しするのが7％となっている。バラ積みの場合は、バラ積みの貨物を、パレットに載せて荷卸しが31％、バラ積みの貨物を、バラのまま荷卸しが11％となっている。全体では、パレット積みの割合が60％となっているが、長距離輸送の場合は、大半がバラ積みとなっている。パレット積みだと積載率が2割程度低減するため、長距離輸送の場合は、積載率を上げることを重視し、バラ積みの場合が多い。そのため、手積み手卸しの場合、大型貨物車では積み卸しそれぞれ約2時間かかる場合もあり、拘束時間が長時間化する。

農産品物流の問題を解決していくためには、単にトラック輸送の問題を改善すれば良いというわけでなく、物流システム全体を再構築していかなければならない。その視点としては、次の3点が挙げられる。

①商物分離、混載の推進

従来、卸売市場が取り扱う農産品は、商物一致の原則によって、卸売市場に実物が搬入されるのが原則であった。そのため、特に大都市の拠点市場においては、多くの車両が集中、混雑し、限られたスペースのなかで処理しなければならず、混乱する状況が発生している。

卸売市場法改正によって、商物分離が認められ、生産地から卸売市場を経由せず届け先へ直接輸送することが可能となった。商物分離は、物流効率化という面から効果が大きい。商物分離は、出発地、目的地が同じという荷物が大量にある場合は、トラック1台を貸し切って輸送することができるため、取り組みが容易である。

しかし、各生産地ではそのような大ロット輸送をするような農産品は限られており、1回あたりの積載量を大きくするために、複数生産地の農産品を混載するなどの工夫が必要となる。

②物流ネットワークの再構築

全国の生産地、卸売市場、小売間を結びつけ、新鮮な農産品を安定的に供給するための短距離、中距離、長距離を組み合わせた物流ネットワークの再構築が必要となる。

現在、農産品は各生産地から消費地側の卸売市場に個別に直送されることが多い。そのため、生産量が少ない地域から、あるいは年間の生産量が多くても、最盛期でない時期は、貨物のロットがまとまらず、低積載率となるため、物流コスト比率が高くなり、運べないという事態が発生している。今後は、特に中・長距離輸送について、混載などにより農産品をいかに束ねて輸送するかなど、1回あたりの積載量を大きくする仕組みの構築が重要となる。そのためには生産地側も単位農協ごとに出荷するのではなく、複数地域の農産品を集約する集出荷施設を設けたり、あるいは地方部の卸売市場に地域農産品を集約する機能を持たせるなど、広域に農産品を集める拠点の形成が必要である。選果場での人手確保も難しくなっていることから、全国で広域の集出荷施設の整備が進展する動向が見られる。

同時に、消費地側でも、混載などにより束ねられて輸送されてきた農産品を、複数の卸売市場あるいは小売業の物流センター向けに仕分ける拠点を整備する必要がある。例えば首都圏の拠点を圏央道沿いなどの外周部に立地させ、都市中心部へのトラック流入を減らすことによって、ドライバーの拘束時間を短縮させると同時に、交通混雑を避け、計画的な輸送を可能にすることにもつながる。同時に、長距離輸送については、フェリー、鉄道へのモーダルシフトを積極的に展開すべきであり、取り組みが一部進展している。

また、従来は1台のトラックが生産地側で数カ所集荷してから、長距離輸送している場合が多かった。しかしながらその場合、拘束時間が長くなるため、生産地側の集荷と幹線輸送を分離することによって効率化する取り組みが秋田県などで進められている。

さらに中距離輸送においても、日帰り運行が難しい場合は、今後ドライバー確保が困難になる可能性が高い。その解決策として、中継輸送の導入も検討すべきである。一方で、短距離の地産地消型に対応したきめ細かなネットワーク構築も欠かせない。短距離輸送については、トラックが確保しやすく、かつ商品価格に対する物流コスト比率も比較的低いことから、これまではあまり問題とされてこなかった。そのため、各生産地が個別に輸送することが多かった。卸売市場向けの需要に合わせた小口多頻度輸送がますます求められるなか、地域での混載、過疎地では地域の鉄道、バスを貨物輸送に利用した貨客混載を進めることも重要である。

③パレット化、標準化の推進

農産品物流において、ドライバーが確保しにくい理由の1つとして、手荷役が多いということがある。10トン車では、手積み、手卸しの場合、作業にそれぞれ2時間程度かかり、作業者にとって大きな負担となる。そのため、パレット化の推進が欠かせないが、パレット、さらに段ボール箱のサイズが標準化されていないという問題がある。各生産地では、保管用に独自のパレットを利用していることが多く、一貫したパレット化を目指すべきであるが、難しい。さらに、パレットを導入しても卸売市場での回収率が悪く、レンタルパレットの仕組みがうまく機能しない。このように課題も多いが、パレット化、標準化の推進は、積み替えを容易にし、混載を進める上でも重要であり、農産品物流においては欠かせない視点である。

これまで、無理な労働環境での輸送により成立してきた農産品物流は限界を迎えている。全国で生産されたさまざまな農産品を、全国どこへでも、比較的安価に、確実に供給するためには、持続可能な新たな農産品物流システム構築が必要となっている。

各業界団体・企業による自主行動計画の現状

２０２３年6月に日本の物流の革新に関する関係閣僚会議で決定された「物流革新に向けた政策パッケージ」では、「物流の適正化・生産性向上に向けた荷主事業者・物流事業者の取組に関するガイドライン」（２０２３年6月2日、経済産業省・農林水産省・国土交通省策定）を踏まえ、荷主企業・物流事業者が物流の適正化・生産性向上に関する業種別・分野別の「自主行動計画」を２０２３年内目途に作成することを要請している。このガイドラインでは、発荷主事業者および着荷主事業者に対して、荷待ちや荷役作業などにかかる時間を把握したうえ、それらの時間を2時間以内とし、これを達成した場合には1時間以内を目標にさらなる時間の短縮に努めることや、物流への負担となる商慣行の是正や、運送契約の適正化について定めている。ガイドラインでは次の図表４―３に掲げた項目を挙げている。

業種別・分野別の自主行動計画は、２０２３年12月26日に荷主企業や物流事業者が業種・分

1. 発荷主事業者・着荷主事業者に共通する取組事項
(1) 実施が必要な事項
・荷待ち時間・荷役作業等にかかる時間の把握
・荷待ち・荷役作業等時間 2 時間以内ルール／1 時間以内努力目標
・物流統括管理者の選定
・物流の改善提案と協力
・運送契約の書面化　等
(2) 実施することが推奨される事項
・予約受付システムの導入
・パレット等の活用
・検品の効率化・検品水準の適正化
・物流システムや資機材（パレット等）の標準化
・共同輸配送の推進等による積載率の向上
・荷役作業時の安全対策　等

2. 発荷主事業者としての取組事項
(1) 実施が必要な事項
・出荷に合わせた生産・荷造り等
・運送を考慮した出荷予定時刻の設定
(2) 実施することが推奨される事項
・出荷情報等の事前提供
・物流コストの可視化
・発送量の適正化　等

3. 着荷主事業者としての取組事項
(1) 実施が必要な事項
・納品リードタイムの確保
(2) 実施することが推奨される事項
・発注の適正化
・巡回集荷（ミルクラン方式）　等

4. 物流事業者の取組事項
(1) 実施が必要な事項
○共通事項
・業務時間の把握・分析
・長時間労働の抑制
・運送契約の書面化　等
○個別事項（運送モード等に応じた事項）
・荷待ち時間や荷役作業等の実態の把握
・トラック運送業における多重下請構造の是正
・「標準的な運賃」の積極的な活用
(2) 実施することが推奨される事項
○共通事項
・物流システムや資機材（パレット等）の標準化
・賃金水準向上
○個別事項（運送モード等に応じた事項）
・倉庫内業務の効率化
・モーダルシフト、モーダルコンビネーションの促進
・作業負荷軽減等による労働環境の改善　等

図表 4-3　ガイドラインで定められた適性化事項

出所：経済産業省・農林水産省・国土交通省
「物流の適正化・生産性向上に向けた荷主事業者・物流事業者の取組に関するガイドライン」をもとに作成

野別に作成した物流の適正化・生産性向上に関する自主行動計画として公表された（１０３団体・事業者）。その後、２０２４年の1月から2月にかけて公表数が増え、2月末には１２２団体・事業者となっている。提出したのは、複数企業で構成される単独の業界団体（87団体）が多いが、複数の業界団体で提出されている計画（素形材、スーパーマーケットなど）（４団体）、複数の企業により提出されている計画（食品物流未来推進会議など）（４組織）、１企業により提出されている計画（ＪＦＥスチール、三和酒類など）（27企業）もある。また、１２２団体・事業者のうち、荷主企業は１１１、物流事業者は11となっている。

鉄鋼業界・化学品業界での物流改革

素材型産業において、物流改革はどのように進んでいるのだろうか。鉄鋼業界、化学品業界は、そのなかでも物流改革に向けての動きが活発な業界と言える。

鉄鋼業界における物流改革への取り組み

鉄鋼業は、鉄鉱石や石炭、さらに大小・軽重・多寡、多種多様な原燃料・資材を調達し、重量物・長大物であり、特殊な形状の荷姿である鋼材（鉄鋼製品）を生産、出荷している。輸送量は大きく、調達、販売を合わせると、年間で3億トンに達する。鉄鋼製品の出荷物流においては、特殊な形状のものが多く、1つが20トンを超えるような重量物もある。鋼材を効率的に運ぶため、特に鉄鋼製品の出荷輸送における効率化、生産性向上に取り組んできており、工場から出荷する際の約7割が船舶を利用しており、大手では500キロメートル以上の長距離輸送における利用率は95％超となっている。

鉄鋼業界は日本鉄鋼連盟主導で業界全体として、物流効率化への取り組みを進めてきた。また、個別企業では、製鉄所内での構内輸送の自動運転の実証実験、船舶航行などの管理システムの導入などもなされている。しかしながら、中長期的な輸送能力不足に対応していくためには、自主的な取り組みだけでは限界があり、従来から「サプライチェーン全体で連携した改革」、「ベースとなる環境整備（政府によるインフラ整備・規制緩和など）」が必要であるという問題意識が鉄鋼業界内で強まっていた。そのため「2024年問題」対応の前からユーザーと連携した、出荷物流改善の議論がされてきた。

出荷物流においては、鋼材ユーザー・輸送事業者などと連携し、サプライチェーン全体で連携してさらなる改善を目指す必要があった。また、ほとんどの事業者は発荷主であるのと同時に、着荷主でもあるが、従来は、着荷主としての調達物流の取り組みが遅れていた。調達物流においては広大な敷地に多種多様な貨物の納入が行われており、その現状と問題点を把握することは難しく、サプライヤーなどとの連携が欠かせなかった。このように、出荷物流・調達物流においての取り組みを進めるためには、他業界との連携を行うことが必要不可欠であり、このような背景も踏まえて、日本鉄鋼連盟として「物流の適正化・生産性向上に向けた自主行動計画」を策定している。

自主行動計画においては、①高炉・電炉・単圧などの鉄鋼業界内のさまざまな業態と、「出荷物流」「調達物流」の双方を網羅していること、②荷待ち・荷役作業などにかかる時間の実態把握をしたうえで、業界特性を踏まえた現実的な代替目標と具体的な対策を類型化して明示していること、③自主的な取り組みのみならず他業界との連携をする取り組みについて、具体的に呼びかけるべき事項まで明示していること、④自らの課題を率先して情報収集し、改善につなげるアプローチを取っていること、の4点をポイントとして挙げている。計画は、政府ガイドラインの遵守というだけでなく、鉄鋼業界の現場の実態を積み上げて整理をした計画となっている。図表4―3でも挙げられている「2時間以内ルール（荷主事業者は荷待ち・荷役作業などにかかる時間を2時間以内とすること）」への対応を中心に、業界特性に基づく類型に応じ自主的な対策を進めるものと、他業界と連携しながら解決していくものに対策を分けている。

鉄鋼業界が変えたこと

他業界と連携しながら解決していく対策は、出荷物流におけるユーザーとの連携、調達物流におけるサプライヤーとの連携、輸送事業者などとの連携がある。

出荷物流におけるユーザーとの連携は、「前広なオーダータイミングへの見直し」「納入時間の柔軟化・緩和」「トラック受渡条件におけるルールの再徹底」などがある。まず、日本鉄鋼連盟から関係業界団体への業界ベースでの協力の呼びかけを行った。鋼材のサプライチェーンは、需要分野・品種が多岐にわたり、複数の流通経路が存在しており、納品先も卸・加工会社、部品会社、最終ユーザーと広範になっている。連盟は約30のユーザー団体を回り、協力を呼びかけた。

続いて、各事業者が営業部門などから実際のユーザー企業に協力を呼びかけた。連盟内での毎月1回の会合で、各社の状況を共有し、横連携をしながら取り組みを進めた。前広なオーダータイミングへの見直しは、配車リードタイムを確保するため、製品輸送オーダータイミングを、製品到着期限の2日前から5～7日前に見直し、などを行っている。

納入時間の柔軟化・緩和は、朝一番納品指定の撤廃、受入可能時間の拡大などである。トラック受渡条件におけるルールの再徹底は、受渡条件として、ドライバーはシート外し、解縛までであり、クレーン・リフト操作、玉掛、開梱、バンド切断、マーキング、ラベル貼付、検収（受領印）などの荷卸し作業は、受入側で実施することとなる。

調達物流については、着荷主の立場として自らサプライヤーにアプローチし、製鉄所への納入に関する問題点を洗い出した。日本鉄鋼連盟で約20のサプライヤー団体に対して、各貨物の問題点を洗い出す調査票への協力を依頼した。回答された問題点を各事業者の原料・資材調達担当へフィードバックし、改善を検討している。

輸送事業者などとの連携としては、日本鉄鋼連盟ホームページに鉄鋼トラック物流目安箱を開設した。目安箱に寄せられた意見は、日本鉄鋼連盟内の委員会で情報共有している。また、日本鉄鋼連盟と全日本トラック協会鉄鋼部会・東京都トラック協会鉄鋼専門部会は月1の合同会合を開催しており、連携しながら解決を図っていく体制があり、このような体制は他業界への大きな示唆となる。

化学品業界における物流改革への取り組み

化学品業界では、荷主、物流事業者（陸上輸送、海上輸送、鉄道輸送）、レンタルパレットメーカーなど約80社で構成される化学品ワーキンググループを2023年6月に設置している。このワーキンググループは、経済産業省、国土交通省が主導するフィジカルインターネット実現会議の産業別ワーキンググループとなっているが、他のワーキンググループは省庁主導で設置したのに対して、民間主導で設置された協議会という特徴がある。

化学品物流は、船舶（ケミカルタンカー、雑貨船）によるバルク輸送が一定の割合を占めるが、トラック輸送（ローリー車、貸切輸送、特別積合せ貨物運送）比率が高く、①危険品（消防法危険物・毒劇物・高圧ガス）を含むことから法対応・安全管理が難しく輸送や保管に一定の制約がある、②重量物が多い、③製品種類、荷姿が非常に多く、数量的にまとまった輸送が少ない、といった特徴がある。安全管理の点から、区域輸送は安全教育を受けた特定の物流会社に発注し、またローリー車は製品ごとに車両が専用化されている。特別積合せ貨物運送においては化学品を敬遠する業者が増えている。このような物流特性から、現状においても輸送力確保に苦労しており、今後の物流供給制約に対しての危機感が特に強い。今後進展が予想される物流供給制約に対して、安定的な輸送力確保ということが重要課題となっている。また、商慣行の改善、安全、標準化、ＤＸ（デジタルトランスフォーメーション）、モーダルシフト、中継物流、共同物流などの広範なテーマについて検討を実施している。商慣行の改善においては、受注リードタイムの拡大やパレット化（荷役削減）を推進している。輸送時に発生する軽度な梱包材の損傷に関して返品が起きないような取り組みも進めている。

そのなかで共同物流についても具体的に検討している。共同物流を検討するには物流情報の共有が必要であり、対象エリアを北陸と定め、事務局各社の1年分の北陸発着の輸送データを収集し、輸送実績を可視化し、幹線における共同輸送、往復マッチングの可能性があるルートを抽出した。中京～北陸エリアにおいての共同物流の実施に向けて、物流事業者間のみで、条件面（物流、料金、梱包、資材回収）や伝票の取り扱いまで確認と調整が行われた。

その結果、２０２４年5月の検討開始から3カ月後の8月には共同輸送の実績が出始めている。短期間で実績を出すことができたのは、荷主間で検討を進めることに合意しつつ、荷主は口出しをせず、各物流事業者の課題を相互で補完するための話し合いができたことによる。今後、参加企業や対象エリアを拡大していく計画である。別途、複数荷主と複数物流事業者による実地検証（三重県四日市市～千葉県市原市間の共同輸送。実走結果による効果の検証、物流標準ガイドラインによるデータコミュニケーション）などの実証事業を実施している。この区間については、並行して共同物流の具体的な取り組みも進めており、２０２４年８月頃から往復輸送が拡大している。こちらも各物流事業者間の課題を相互で補完するために、時間をかけて信頼関係を築いてきたことが奏功した形になっている。

小売業界での物流改革

5兆円売上規模の業界横断の取り組み

小売業界においても物流改革の動きが顕著となってきている。2022年4月には、製・配・販の各団体が参画したフードサプライチェーン・サステナビリティプロジェクト（FSP）が発足し、定番商品における発注時間の見直し、特売・新商品におけるリードタイムの確保および計画発注化、納品期限の緩和について検討をしていた。それを受けて、サミット、マルエツ、ヤオコー、ライフコーポレーションで構成される首都圏SM物流研究会が、2023年3月に発足し、①加工食品における定番商品の店舗発注時間の前倒し、②特売品、新商品における計画発注化を進め、発注・納品リードタイムの確保、③180日以上の賞味期間の加工食品における納品期限の緩和、④卸売業と小売業間の受発注において標準である流通BMSの導入を進めるとしている。

①は取引先の夜間作業の削減および調整作業時間の確保、②は確定した発注データをもとに商品や車両の手配ができる環境を整備し、緊急手配などの作業負担軽減、積載率および実車率を向上、③は納品期限について2分の1ルールを採用し、商品管理業務の負担軽減による食品物流の効率化に貢献、④は高速通信による作業時間確保、伝票レス・検品レスによる業務効率化を図ろうとするものである。設立当初において、①と④は各社とも対応済みであった。②と③は、各社によって対応には差異があり、②については新商品について確定発注に変更、納品リードタイムの延長などが図られた。

2023年10月からは研究会体制を、全体会であるSM物流研究会とエリア部会の首都圏SM物流研究会の2部制にし、SM物流研究会は製・配・販連携によるサプライチェーン全体の効率化として、トラック予約受付システムの導入、パレット納品の拡大、ドライバーの荷役作業の明確化、商品マスタの標準化の検討を行った。また各エリアの効率化として、物流センターの空き車両の有効活用、共同配送、搬送機器も含めて検討を行っている。

この取り組みは4社から始まったが、その後2023年5月から西友とカスミが、同年10月からいなげや、東急ストア、原信、ナルスが、2024年3月から平和堂、エコスグループが、同年5月からイトーヨーカ堂が、同年9月からベイシアが加わり、計17社となり、約5兆円の売上規模にまで拡大している。

また、同様の取り組みとして北海道物流研究会では共同物流による北海道物流ネットワークの構築、中四国物流研究会では店舗配送車両の有効活用、製・配・販連携による納品物流体制の構築、九州物流研究会では、仕入れ物流の共同化、物流センター近隣店舗配送の相互配車、エリア汎用物流センターなどが検討されている。

また、個別企業においての取り組みも進んでいる。バローホールディングスは他の小売業に先駆けて納品リードタイムの延長、トラック予約受付システムを導入したほか、物流の平準化のため、一部店舗ではチラシ特売をやめている。また、東急ストアは店舗向けに1日5便体制であったものを、2~4便を1つの店着時間枠として日中便としてまとめる、積載率が100%となってから配送、残荷物は翌日便にするといった見直しをしている。

生活者は「2024年問題」をどう見ているか

宅配便に対する意識の変化

政府の物流改革においては、生活者が物流を意識し、物流に対する行動変容をすることを求めている。では生活者は物流に対してどのような意識を持っているのだろうか。２０２４年３月に生活者に対して流通経済大学物流科学研究所が実施したアンケート結果をもとに見てみる。一般の生活者にとって、身近な物流は宅配便である。「２０２４年問題」および今後ドライバーが減少していくことによる、宅配便サービスへの影響について、「大きく影響を及ぼす」が50％、「ある程度、影響を及ぼす」が45％と、影響があると考える生活者が大半である。宅配便サービスに及ぼす影響項目として、最も多いのが「配送料が高くなる」が82％、続いて

「配送日数が長くなる」が76％、さらに「再配達が有料になる」が56％、「繁忙期には運ぶことができなくなる」が47％となっている。

宅配便料金の値上げが続くなか、多くの人がさらに料金が高くなるのではないかと危惧している。同時に、従来は翌日配送ができた地域が翌々日配送になるなど、配送日数が長くなることに対しても意識が高くなっている。物流の生産性を悪化させる、あるいは環境負荷の点からも問題となっている再配達についても、有料化されるのではないかという意見が多くなっている。一方で、「繁忙期には運ぶことができなくなる」という回答は47％であり、他に比べて低く、そこまでの影響は出ないのではないかという意識が見られる。

このような状況のなか、宅配便サービスを利用する場合、意識を変える必要があるのかという問いに対しては、「大きく変える必要がある」が27％、「ある程度変える必要がある」が65％と大半の人が物流に対する意識を変えざるを得ないとしている。特に「２０２４年問題」について詳しく内容を詳しく知っていると回答した人は、51％が「大きく変える必要がある」と回答している。その際、どのような項目の意識を変える必要があるかについては、「再配達を避ける配慮をする」が69％、「置き配、宅配ボックスを積極的に利用する」が56％、「翌日配送など短い配送時間に拘らない」が47％、続いて「時間指定に拘らない」が32％となっている。さらに比率は低いものの、「宅配ボックス設置を義務化する」が22％、「通信販売利用を抑制する」が8％となっている。

このようにさまざまな形で意識を変える必要があると認識している生活者が多い。消費者にとって身近な物流は宅配便であり、特に再配達については、消費者から見ても理解しやすく、無駄な労働力を使っていること、環境問題にもつながるということから問題視する声が大きい。

物流問題による価格上昇を許容する流れは強まる

物流が私たちの生活を支えているという考えは、少しずつ社会に浸透してきている。そしてこのことは、物流の問題が、例えば日々利用するスーパー、コンビニなどの小売店での買い物にも影響するという意識にもつながっている。小売店に行ったときに、商品がない、欠品といった状態が発生することは、消費者にとって身近な問題ととらえられている。小売店に商品が並んでいないという状態は、商品が予想以上に売れて在庫がなくなってしまったことによるもの、多くの商品種類の発注を行うなかでその発注量を誤ったことによるもの、店舗内の品出し作業が遅れていることによるもの、商品の店舗への納入が遅れていることによるものなど複数の要因が考えられるが、そのなかでも物流の影響によるところが大きい。従来は、短いリードタイム、多頻度小口、厳しい時間指定で運用していたのが、リードタイムが長くなることによって、在庫がなくなった際の補充に時間がかかる、翌日から翌々日までの需要予測が必要となるため予測精度が落ちて欠品が起きるなどの影響が出てくる。また従来は、開店時間前の納入であったのが、午後の時間帯への変更になることにより、開店直後は欠品してしまうといったことも起きる。

アンケート調査結果を見ても、「2024年問題」および今後ドライバーが減少していくことによる、小売店での買い物への影響について、「大きな影響を及ぼすが」35％、「ある程度、影響を及ぼす」が56％となっており、大半の人が影響をもたらすと考えている。具体的には、「物流コストの上昇によって商品価格が上昇する」が80％、「買いたい商品がいつでも店舗に並ばなくなる」が55％、「店舗での欠品が多くなる」が55％、「鮮度が良い商品が手に入りにくくなる」が48％、「遠方で生産された商品が手に入りにくくなる」が43％となっている。さらに、「物流コストの上昇によって商品価格が上昇する」と回答した人の77％が、価格上昇を許容できるとしており、1、2％の上昇はやむを得ないという人が多くなっている。それに対して、価格上昇は「全く許容できない」は22％にとどまっている。

小売店で買い物をする場合、物流に対する意識を「大きく変える必要がある」が15％、「ある程度変える必要がある」が63%と、宅配便サービスよりは低いものの、大半の人が変えざるを得ないとしている。「いつでも多くの品揃えを望まない」が45%、「店舗での欠品があっても拘らない」が43%、「生産地が近い商品を購入する」が35%、「箱の汚れなどの見た目に拘らない」が32%、「賞味期限、消費期限にあまり拘らない」が27%、「新商品に拘らない」が22%となっている。

アンケート調査結果からも、物流の重要性に対する意識が少しずつ高まってきており、ドライバー不足、「2024年問題」が深刻化することは、宅配便サービスはもちろんであるが、小売店での買い物にも影響すると多くの人が意識していることが窺える。交通政策審議会、交通体系分科会、物流部会・産業構造審議会、商務流通情報分科会、流通小委員会・食料・農業・農村政策審議会、食料産業部会、物流小委員会の合同会議が2024年11月27日に出した取りまとめにおいても、「消費者である国民一人一人は、物流事業者の負担となる短いリードタイムの是正のためにメーカー、卸売業者、小売店等の製造・販売事業者が行った取組の結果として、商品売場での品揃えや納品時期に影響が及ぶ場合があることについて理解を深めることが求められること」と記されている。今後、生活者が従来の購買行動を見直すことは、物流改革を進めるうえで欠かせない視点と言える。

鍵となるのは社会全体の行動変容

現在、「2024年問題」がさまざまなところで取り上げられているが、現時点においては、大きな影響は出ていない。しかしながら、ドライバー不足が深刻化し、企業活動、私たちの生活に深刻な影響をもたらすのはこれからである。さらに物流事業者が提供する業務に対して、これまでは適正な費用負担がなされていない場合が多くあり、その是正も求められている。政府も物流改革を進めるためにさまざまな検討をし、施策を推進している。業界団体、企業も温度差があるものの、先進的な取り組みをしている事例も増えている。そこで重要なのは、物流事業者だけでなく、発着荷主企業、さらに生活者も含めて、社会全体の物流に対する意識改革を進めることである。

現在のサプライチェーンは顧客起点、消費者起点で構築され、そのニーズに応えるということが絶対視されてきた。顧客が過度な多頻度化、小口化、短いリードタイムなどを要求し、消費者が過度な利便性、品揃え、鮮度などを要求するなか、それに応えるために結果的に物流に大きな負荷がかかってきた。

本章で見てきたように、特に生鮮品は全国の生産地から日帰りができない長距離・長時間輸送を経て消費地に運ばれている場合が多い。そしてその構造は首都圏といった都市圏だけではなく、むしろ地方部において顕著である。全国で生産された野菜が全国のスーパーマーケットで買える、という「当たり前」が維持できるかは、物流問題にいかに真剣に取り組み、結果を出せるかにかかっている。

今後、社会全体での物流に対する理解が進み、過度な物流サービスを要求しないなどの行動変容を起こすことによって、物流改革が大きく進展するのであり、持続可能な物流を構築することにつながるのである。

コラム❷

変えられない理由を探していては生き残れないグローバルな標準化の時代

［田阪幹雄］

第2章のコラム「〝ハコ〟を運ぶだけのアメリカのトラックドライバー」では、「2024年問題」を根幹から解決するにはトラックドライバーの労働時間を規制して取り締まるだけではなく、トラックドライバーの手待ち時間や荷役時間の削減を超えて、それらからトラックドライバーを解放し、本来業務である運転に専念させることにより、短い労働時間で高賃金を享受させることが不可欠であると述べた。

そこで本コラムでは、そのようなことが日本で実現可能なのかについて述べ、日本の物流を根幹から変えるとはどういうことなのか、考えていくこととする。

アメリカ的トラック運送事業の展開は日本では不可能なのか

第2章コラムでは、アメリカのトラック運送事業がトラックドライバーの手待ち時間や荷役時間からトラックドライバーを解放し、本来業務である運転に専念させることができている大きなポイントとして、貨物を引き取り、運び、配達しているというよりも、トレーラーという〝ハコ〟を引き取り、運び、配達していることを取り上げた。

これについては、色々な意見があるであろう。おそらく、多くの人がトレーラー輸送は日本の25倍もの国土を有するアメリカだから可能であり、国土の狭い日本では不可能だと考えるだろうし、単車を捨ててトレーラー化を図るなど、日本の現場の実態を無視した戯言だと考える人も多いだろう。

しかし、イギリスがヨーロッパ連合（ＥＵ）を離脱したいわゆるブレグジット直後や、新型コロナウイルスの感染拡大の際中に、ＥＵトンネルのイギリス側で渋滞していた無数のトラックのニュース映像を思い出してほしい。あの時に、日本の本州と四国を合わせたほどの国土のイギリスで渋滞していたトラックのほとんどが、日本における単車ではなく、トレーラーであったはずだ。

余談だが、イギリスの国立統計局の資料によると、２０２３年のトラックドライバーの平均労働時間は1週間当たり48・2時間、1カ月当たり２０８・９時間とほぼ日本並みだが、年間賃金は３万６５０６ポンドとなっており、これを２０２３年の平均換算レートである１７４・86円で日本円に換算すると、６３８万３４３９円ということになる。アメリカほどではないが、イギリスのトラックドライバーも日本に比べると、はるかに高賃金を享受しているということになるであろう。

トレーラーが普及しているヨーロッパの国は、日本より平地の割合が多いイギリスばかりではない。国土面積が日本の10％強しかなく、しかもアルプス山脈の約20％が集中していると言われる山がちな小国のスイスを含めて、ヨーロッパのほとんどの国でトレーラー輸送が普及しているのである。

日本の荷主企業も物流企業も、現状を根幹から見直すというリスクを負いたくないがために、変えられない理由を必死に探しているのではないだろうか。日本の国土は、本当にトレーラー輸送が不可能なほど狭くはないはずである。その証左として、日本に進出してきたアメリカ企業が、ベストプラクティスとしてアメリカ型物流を移植している実例がある。

日本と同様山がちなスイスでも一般化しているトレーラー輸送（出所：2019年4月7日、スイス・ジュネーブ市内スーパーマーケット裏にて筆者撮影）

日本企業が不可能と思っていることをやってみせるアメリカ企業

日本の大規模物流センターの多くが螺旋状ランプや垂直搬送機を備えた多層階の建物であるのに対して、コストコ社物流センターは、多数のトラックドックを備えた、日本では珍しいアメリカ式の平屋の建物である。

物流センターから各倉庫店への配送には、主に40フィートあるいは45フィートのＩＳＯサイズのトレーラーが使用されており、物流センターに到着した空トレーラーは、ドック戸前に台切りされる。ドライバーの物流センター庫内への立ち入りは禁止されており、貨物の積み込み作業はコストコ社の社員が行っているため、ドライバーには手待ち時間も荷役作業も発生しない。

日本国内からのベンダー納品の多くは、10トン車以上の単車で行われているが、事前予約制をとっているため1台の受付に要する時間は1〜2分であり、基本的にゲートでの待ち時間は発生しない。また、大口ベンダーを中心に、倉庫店から物流センターに戻ってくる空トレーラーを活用して商品を引き取る場合もある。いずれの場合にも、荷卸し作業はコストコ社の社員が行う。台切りできない単車のドライバーは、荷卸しが完了するまで待機することになるが、すべての貨物はパレット化されているため、入構から退出までに要する時間は平均30分以内である。

物流センター近郊の倉庫店に実入りトレーラーを配送するドライバーは、倉庫店の荷受口ドック戸前にトレーラーを台切りし、荷卸しが終了して空になった別のトレーラーを牽引して物流センターに戻る。こちらでもやはり物流センターから納品された貨物の積み卸し作業はコストコ社倉庫店の社員が行っているため、ドライバーには手待ち時間も荷役作業も発生しない。物流センターから中長距離にある倉庫店の荷受け口ドックでは台切りは行われず、ドライバーは荷卸しが完了するまで待機することになるが、すべての貨物はパレット化されているため、長時間の荷待ちが発生することはない。

コストコ社が日本で使用しているすべてのパレットは、48インチ×40インチ（≒120センチメートル

×100センチメートル）のアメリカGMA（全米食品製造業者協会）サイズのパレットであり、各ベンダーには、指定パレットレンタル会社と契約のうえ、すべての貨物をそのパレットに搭載して納品することを義務づけている。多くの場合、物流センターから各倉庫店へも、ベンダーでパレタイズされ納品されてきたパレットが、そのまま配送されている。

つまり、このアメリカ企業は、日本の荷主企業も物流企業も不可能と思い込んでいるアメリカ的ロジスティクスを、日本の物流と若干折り合いながらも、ベストプラクティスとして日本で再現してみせているのである。

グローバル標準しか生き残れないかもしれない近未来の物流

コストコ社のオペレーションは、日本では例外的なものだと思われているが、欧米の小売事業者としては極めて標準的なオペレーションであり、むしろ日本的オペレーションの方が、グローバルな視点で見る

コストコ社倉庫店荷受口に台切りされたトレーラー（出所：コストコ社幕張倉庫店前にて筆者撮影）

と例外なのである。

現在、デジタルなインターネットの仕組みをフィジカル（物理的）な物流に応用した「フィジカルインターネット（PI）」が、グローバルなメガトレンドとなっている。ヨーロッパで提唱されたPIは、トラックや倉庫の空き情報を可視化・共有化し、1人のドライバーが長距離を運ぶのではなく、短距離を複数のドライバーによりリレー形式で運ぶことにより、ドライバーの勤務時間縮減・トラックの稼働率向上・所要時間縮減などを狙った、共同配送システムである。

このようなリレー形式の物流を実現するには、当然ながら物理面での規格統一が必須となる。PIの構成要素の中でも物理的なオペレーションにとって最も重要なモジュラー式コンテナ（PIコンテナ）の最大サイズは、幅2・4メートル、高さ2・4メートル、長さ12メートルというISOコンテナとほぼ一致するサイズとなる。またこの3つの数値の約数のより小さな複数タイプのPIコンテナも想定されている。

コストコ社が日本で展開している〝例外的〟なオペレーション、すなわちISOサイズのトレーラーによる納品・配送も、前述の数値の約数である120センチメートル×100センチメートルのGMAパレット利用を義務づけていることも、このメガトレンドの中で捉えればグローバル標準なのである。

日本でも、産官学の有識者で構成される「フィジカルインターネット実現会議」が2021年に発足し、2040年の「日本型」PI実現を目指して、さまざまな取り組みが行われている。しかし、この「日本型」は要注意ではなかろうか。

日本では、ISO標準とはまったく異なる10トントラックや31フィートコンテナ、アメリカのGMAパレットやユーロパレットともまったく無縁の11型パレットの利用を前提に取り組みが推進されているようであり、このまま進捗すると、PIの名を冠するものの実態としてはグローバルなメガトレンドとしてのPIとはまったく異なる、ガラパゴス的なものができあがりそうに思われる。

日本国内のサプライチェーンに対応するには最適なPIコンテナができたとしても、日本製品の輸出先の国や地域でグローバル標準のPIコンテナに詰め替えなければならないのでは、日本の国際競争力を阻害することになる。また、グローバル標準のPIコンテナに梱包されてきた海外製品を、輸入後に「日本型」PIコンテナに詰め替えなければならないとすれば、物流コストの最適化を阻害するであろう。

結局のところ、このグローバルなPIの時代において、日本の物流を根幹から変えるとは、日本の荷主企業も物流企業も、グローバルな標準化のトレンドを受け入れ、ガラパゴス化を回避することではないだろうか。

第5章

社会の仕組み全体の見直しを迫る「物流危機」

競争環境を整備し、「適正」な運賃を収受するには

首藤若菜

物流の持続可能性を高めるために、政府は物流関連2法を改正し、物流企業のみならず、発荷主企業と着荷主企業にも物流の効率化を求め、私たち消費者にも行動変容を呼びかけている。改正法の効果検証は法の施行を待たなければならないが、本章では、政府の施策とは異なる視点から、物流の構造的な課題を解決するための方策をいくつか論じてみたい。

ワークルールの遵守を徹底させるために

労働時間規制の強化が進んだものの、ワークルールが遵守されていない実態が見られることは、第2章で紹介した通りである。この業界には、より安い運賃やより短いリードタイムで輸

送を引き受ける事業者がおり、その安さや速さが生産性の向上ではなく、ワークルールの不遵守によって実現されてきた面がある。そうであれば、ワークルールの遵守を徹底させることが、低すぎる運賃や短すぎるリードタイムの輸送を排除することになる。

ただ、ワークルールの遵守を徹底させることは容易でない。そのための施策はさまざまに講じられ、例えば労働基準監督署は荷主にも配慮要請を行うようになったし、全国の運輸局にはトラックGメンが配置された。とは言え、労働基準監督署もトラックGメンも、日本中の事業所や物流拠点をくまなく巡回できるわけではない。

ただし、トラック業界には貨物自動車運送事業法が定める適正化事業制度がある。各都道府県には適正化事業指導員が配置されており、指導員たちが定期的に運送会社を訪問し、ドライバーの勤務時間や乗務時間、社会保険の加入状況、過積載の有無などを確認し、違反行為に対しては改善指導を行っている。この制度を用いて、ワークルールの遵守を徹底させていく仕組みを作ることは、一つの道筋としてありうる。

過当競争を是正するために

そもそもワークルールを遵守できないような仕事を引き受ける背景には、多数の小規模事業者による激しい競争がある。近年、政府は企業の成長力を高めるためにM&A（合併・買収）を促しており、物流業界でもその件数は増加している。ゆえに、事業者数の減少が競争環境を是正するとの期待もある。領域が異なる企業同士が統合し、高い相乗効果が見られる事例も生まれている。

一方で、多層的な下請け構造が示す通り、この業界は他社との協業体制がすでに構築されているため、自社を大きくするよりも協力会社に業務を委託した方が繁閑差に対応しやすく、コストも抑えられると考える運送事業者も少なくない。実際にM&Aにより規模を拡大させた事業者からは、管理コストや人件費が高まり、柔軟性を欠くようになったとの声も上がっている。

同時に、M&Aが進むなかでも小規模事業者が新たに市場に参入し、安値で仕事を奪っていく状況は続く。業界内には参入条件を規制緩和前に戻すべきだとの意見が根強くある。2003年の規制緩和により車両5台を保有すれば参入が可能となったが、最低車両台数を緩和前の

10台から15台に戻せば、不適正な事業を継続することは困難になるはずだとの見方である。むろん小規模事業者でも適正に事業を営んでいるケースは多いが、第2章でも触れた通り、労働基準法の適用を逃れ、運行管理者を配置しないことで安さを実現させている事業者が存在することも事実だ。最低車両台数が10台を超えれば、ドライバーの雇用や運行管理者の配置を回避できなくなるだろう。

外国人労働者への期待と課題

入管法が改正され、2024年度から自動車運送業務でも特定技能制度に基づき外国人労働者の受け入れが可能となった。政府はバス・タクシー・トラックの運転手として2・45万人の就労を見込んでいる。

ただし、外国人労働者であれば日本人が忌避する労働条件でも働いてもらえるという見通しは甘い。外国人ドライバーも、日本で暮らしながら働くことになるため、日本での生活を維持し得る賃金を必要とする。また、日本と海外では雇用慣行上の相違が大きく、それに伴い摩擦が生じやすい。例えば、海外では職務内容を厳格に定める傾向があるため、ドライバーに運転のみならず附帯業務も当然のように任せるといった曖昧な業務指示は労使紛争を引き起こしかねない。

さらに憂慮すべきは、トラックドライバーは世界中で不足している点だ。国際的な業界団体である国際道路運送連合（ＩＲＵ）は、世界36カ国・約４７００社のトラック運送会社を対象としたドライバー不足の実態調査結果を２０２３年に発表した。それによれば、世界全体で約３００万人分のドライバーの求人が埋まっておらず、それは求人全体の７％に相当する。各国の運送会社のうち半数以上が深刻な人手不足に直面しており、それゆえ生産性が低下し、事業を拡大できず、収益を失っている。

ドライバー不足の要因の一つが、高齢化である。ヨーロッパやアメリカではドライバーのおよそ3分の1が55歳以上で、どこも若年労働力の獲得に苦戦している。だが高齢化はさらに進行するため、２０２８年には不足数は７００万人を超えると予測される。その結果、運賃は上昇し、それがインフレをもたらし、サプライチェーンの混乱や配送遅延が起き、国内総生産（ＧＤＰ）成長率を鈍化させかねないとの懸念が示されている。

多くの国で女性や若年層を取り込もうとドライバーの労働条件は改善されているが、それでも国内労働力だけで不足を補うことは難しく、ＩＲＵは第三国からドライバーを受け入れていくことが重要だと指摘している。すなわち、ドライバーの奪い合いは世界的に加速すると思われる。日本が外国人ドライバーを受け入れていくためにも、賃金を引き上げ、荷役作業を減らすなど労働環境の改善は不可避である。

最低運賃と最低賃金

物流の持続性を高めるためにとりわけ重要となるのが、適正な運賃の実現である。運賃の低さが、ワークルールの遵守を難しくし、生産性を引き下げる要因となってきた。例えば、運賃が低いために高速道路を利用できない状況があり、下道を走って荷物を運ぶ結果、労働時間は長く、生産性は低くなる。ドライバーの賃金を上げるためにも、原資となる運賃の上昇が必要である。

政府も、適正な運賃を実現するため、運賃とは別に料金を収受する約款を作ったり、標準的な運賃を告示したりしてきた。ただしこれらは法的拘束力をもたないため、適正な料金は必ずしも受け取れず、運賃額の大半は「標準」を下回る。それゆえ運送事業者からは、タクシーやバス業界に存在するような下限・上限の運賃額を定めてほしいとの声が聞かれる。

ただし運賃額に規制をかければ、市場競争が歪められるとの批判もある。他方、運賃額ではなく、ドライバーの賃金額に規制をかけることは現行法上も可能だ。貨物輸送の平均的な経費において人件費は約4割を占め、最大の構成要素である。特定最低賃金制度を用いてドライバーの賃金を法的に底支えすれば、安値競争に歯止めをかけられるだろう。

持続可能な運賃とは

ところで標準的な運賃は、距離単価と時間単価で作成されており、距離や時間が伸びるほど高くなる。これら単価には、変動費に加えて、固定費を年間労働時間（2086時間）で除した金額が含まれる。変動費とは、燃料代のように運送の度に発生する費用であり、固定費とは、車両の償却費やドライバーの人件費のように仕事があるかないかにかかわらず一定の期間内に常時発生する費用である。標準的な運賃を収受できれば、変動費はもちろん、固定費も回収することができ、事業が安定するように設計されている。

しかし、ここにも課題がある。固定費を年間労働時間で除しているということは、逆を言えば、2086時間分の仕事があって初めて固定費が回収されることを意味する。

しかし、現実には年間もれずに仕事を受け続けることは容易でない。なぜなら、貨物量は日々変動するためだ。貨物量の波動を前提に、固定費を回収しようとすれば、運送会社は波動の底の水準で仕事を請け負い、自社で運べない荷物が出たら他社に依頼しようとする。すなわち、下請け構造を作らなければならなくなる。

具体例を挙げて説明してみたい。10トン車を5台保有し、5人のドライバーを雇用している事業者がいるとする。毎日、50トン分の荷物の依頼があれば、5台の車両と5人のドライバーが常に稼働する体制を組むことができる。なお、現実にはドライバーには休日を付与する必要があるため、5台のトラックを常時稼働させるには5人以上が必要となるが、ここでは便宜上5人とする。

しかしながら、実際には50トンの貨物を安定的に運べるわけではない。多くの運送会社は、特定の荷主の荷物を運んでいるが、その量は変動しやすく、かつ量が確定するのは当日や前日であることが一般的だ。つまり、毎日50トンの貨物を輸送することになっていても、それが60トンになったり、20トンになったり、まったくなくなったりする。今月から運ぶ予定だった荷物が来月以降に延期されたり、週5日運ぶ計画だったものが週1回に削減されたりする。その理由は、工場で生産トラブルが起きたり、天候不順を受けたり、見込んでいたほどに受注がとれなかったりして、生産量を調整せざるを得ないためだ。このように荷主都合で、貨物量は日々変化する。

他方、運送会社は、引き受けた荷物は「何があっても絶対に運び切らないといけない」と口をそろえる。荷主の輸送計画にあわせて車両とドライバーを準備しておくため、荷物がなくなれば車両もドライバーも遊休してしまう。そうした事態を避けるために運送会社は、常時50トンの荷物を運ぼうと思えば80トンや100トンの仕事を引き受けておくようになる。もし50トンを超える貨物が依頼された場合には、超えた分を下請けに依頼する。一方、荷物がなくなってしまった運送会社は、そうした他社から流れてくる貨物を引き受けることで穴埋めをしようとする。

こうして大企業のみならず中小企業でも、運送会社同士で仕事を融通し合いながら、自社の固定費をどうにか回収しようと努力してきた。多層下請け構造は、こうした努力の結果、形成されてきた面がある。既述の通り、多層下請け構造はさまざまな問題をはらむため、是正が求められ、実運送体制管理簿の作成が義務化されたり、下請法が改正されたりしてきた。しかしこの構造を変えるには、従来、この構造が果たしてきた機能や役割を代替する方法も考えなければならない。

契約を直前に結ぶ商慣行

貨物量が、季節ごと月ごと曜日ごとに変動することはやむを得ない。農産品には旬があり、需要には波がある。工場がトラブルで止まることも避けられない。問題は、そのコストを運送会社が一方的に負わされてきた点にある。そうなる仕組みが、輸送契約を直前に締結する商慣行だ。

貨物の輸送依頼は月単位や年単位に受けていても、正式な契約は直前に締結される。この商慣行ゆえに、貨物量の減少やキャンセルによって生じるコストを運送会社が被らざるを得ない。ある運送会社の社長は「それでも、ずいぶんマシになったんですよ」と吐露する。「かってはねぇ、書面の契約なんてなくて、口約束だったから。ようやく書面化された後も、しばらくは当日に契約を結んでいましたから。当日の朝にさ、『今日は荷物ないよ』って言われてどんだけ焦ったことか。今では前日の夕方には教えてくれるようになったでしょ。助かっていますよ」と話す。つまり、契約の書面化は一定程度進んだものの、口約束時代の慣行だった直前締結は残されたままである。

生産量が常に変動を繰り返すことがやむを得ないのであれば、少なくとも波動によって生じるコストを、運送会社のみならず、荷主にも負担してもらう仕組みが必要である。

一つの方法は、契約締結をより早め、キャンセル料を支払う商慣行を作ることだ。例えば、1週間や1カ月ごとに輸送契約を締結し、その後、貨物量が減少した場合には、荷主にキャンセル料を支払ってもらう。予約したものをキャンセルすれば、キャンセル料金を支払うことは、ホテル、レストラン、美容室などでごく当たり前に行われており、一般消費者にとっても珍しくない。運送業界のみが、輸送依頼をしておきながら、直前にキャンセルが認められる合理的な理由はない。

物流も電力のような社会インフラである

もう一つは、運賃のあり方を変えることである。まず、輸送契約を半年から1年間などの長期契約とする。現に長期にわたって特定の荷主の荷物を運んでいるケースは少なくない。そのうえで貨物を運んでも運ばなくてもかかる基本料金と、運んだ時に発生する従量料金の2層体系の運賃とする。基本料金によって固定費を回収することができれば、物流の持続可能性は格段に上がる。

同様の契約制度は、電力料金などでも見られる。電力事業は、発電所や送電網など設備投資が巨大で、燃料調達の契約が中長期にわたるため、固定費を下支えする料金体系が必要だと考えられてきた。電力は貯蔵が難しく、需要と同量の供給が常に行われなければならず、需給バランスが崩れた時には停電を引き起こし、社会的な影響が極めて大きいことも作用している。

トラック輸送も社会インフラ機能を果たしていることを踏まえれば、「物流危機」を回避するために固定費を幅広く負担する仕組みがあってもよい。輸送業のみならず、倉庫業では、近年自動化が進み設備投資が増大しているため、固定費を安定的に回収できる価格体系が構築できれば、新技術を導入しやすくなり、生産性向上にも寄与すると考えられる。長期契約に基づく二層型の運賃体系になれば、1回ごとの輸送が保証されるだけでなく、継続した輸送を安定的に行う基盤を築けるのではないだろうか。

むろん固定費がかかるのは、トラック業界や電力業界だけではない。航空、鉄道、ホテル、レストランなど多くの産業が、労働者を抱え、設備投資をし続けなければならない。ただ適切な価格体系は、ビジネスモデルによっても異なり、長期契約が馴染むものばかりでもない。

なお、不定期の貨物や緊急の荷物もあるため、スポットでの輸送は依然として存続し、契約運賃とスポット運賃は併存することになる。荷主によっては、貨物量の変動に対応するため、長期契約ではなく、スポット契約を選択するかもしれない。今日では、ＩＴ技術の発達により、貨物と車両をマッチングする機能は高度に発展しており、スポット輸送は一層容易になっている。

だが、今後ドライバー不足により物流が逼迫する状況となれば、長期契約により輸送の保証を高めることがメリットになるし、荷主が運送会社と直接に契約を締結するのであれば、元請けに支払うマージン分だけ安価な輸送を実現できる。また、輸送に品質を求める荷主は、スポット輸送では品質が担保できないと判断するだろう。さらに物流総合効率化法は、２０２６年度から大手企業に計画策定を義務づけるが、策定した計画を着実に実行に移すには、運送事業者との協力体制の強化も必要となる。

物流問題解決のため企業・消費者の意識改革を

サプライチェーンの最適化が求められる

矢野裕児

ドライバー不足を解決していくためには、物流の生産性を上げていくという視点が欠かせない。しかしながら、物流業の生産性が低いから、単純にそれを改善すればよいというわけではないところに大きな問題がある。物流業全体で見た場合、中小企業比率が高く、生産性向上に向けた取り組みが他業種に比べて遅れている。しかしながらそれ以上に問題なのは、商慣行なども含めた現在の物流条件が、物流の生産性を無視したものとなっていることである。

サプライチェーンを構成する各企業は、生産性を上げるべくさまざまな取り組みをしており、メーカーは生産現場、小売業は販売現場を中心として、その成果を上げている。さらに物流においても、各企業は輸配送の効率化や、在庫削減を図るための物流センターの集約化、物流センター内の業務の効率化などの取り組みを進めているが、その多くは自社内の物流業務を対象としたものである。すなわち取引先とのサービスレベルの見直しといった物流条件の変更は伴わないなかでの効率化を主に進めてきた。

サプライチェーンで見た場合、企業間のつなぎの部分である物流は効率が悪く、各企業が自社の効率化、在庫削減を求めるなかで、厳しい物流条件を要求され、物流の生産性が著しく悪化している状況にある。その結果として、サプライチェーンとしては最適化がされていない状況にある。さらに企業間での情報共有、連携が悪く、かつ不確定要素が多いなかで各企業が業務を遂行しているために、サプライチェーン全体で見た場合、多くの在庫を抱えているという問題もある。

短いリードタイム、多頻度小口、ジャストインタイムによって日本のサプライチェーンは支えられてきたのである。需要に対する供給の同期化、過度な在庫削減が要求されるなか、荷受け側の効率を追求しすぎたことによるしわ寄せが、物流現場に集中していると言える。サプライチェーン全体として改革を図っていくためには、発荷主企業、着荷主企業、物流事業者の3者の連携が必要だ。また荷主企業内においても、物流部門だけでなく、生産部門、調達部門、営業・販売部門との連携が欠かせない。現在、企業内での部門間連携、企業間さらに業界全体による物流改革の機運が高まっている。物流に関連する商慣行の見直しを含めた各種物流施策の検討も進められており、この動向はサプライチェーンにおける最適化を進める一歩となる。

共同物流は救世主となるか

物流改革において、個別企業の対応だけではできることに限界があり、企業が連携した取り組みが欠かせない。総合物流施策大綱（２０２１年度～２０２５年度）においても、「これまで「競争領域」とされる部分が多かった物流について、「「協調領域」もあるという前提のもと、協調領域を積極的に拡大する方向で捉え直すことも重要である」としている。

そのようななかで、近年、共同物流が注目されている。一口に共同物流と言っても、多様な形態があり、輸配送、保管、荷役など、どのような物流機能を共同するのかで分類できるうえ、荷主企業主導（同業種、異業種）なのか、物流事業者主導なのかと主体によっても分類できる。さらに輸配送に限っても、同一方面向けの積み合せによる共同輸配送、輸送途中で積み合せ貨物を積み込む共同輸配送、往復の組み合わせによる共同輸送、車両と貨物は発地から着地まで移動するが、荷主の了解のもとで輸送途中に2社の運転手が交代するものなどがある。

共同物流自体は1960～1970年代からさまざまな検討、取り組みがなされてきた。問屋街、商業地区などでの地区内での共同配送、さらにビールメーカー4社などの競合企業による共同配送、加工食品メーカー5社による共同物流会社（F—LINE）、さらに異業種による異なる物流特性を生かした共同輸送などの事例が紹介されることも多い。

しかしながら、検討しても実施に至らなかった、あるいは事業を開始しても途中で頓挫した事例の方がはるかに多いのである。同じ届け先に複数のトラックが納品しているのを混載して持って行けばよい、ウーバーイーツのように運んでほしい人と運びたい人をマッチングすればよいといった単純な発想から共同輸配送に取り組むものの、実現しなかったケースは枚挙にいとまがない。

例えば、出発地から目的地へ直送していたものを、他の荷物とあわせて運ぶということは、その貨物から見ると確実に輸送距離が延びることとなる。それにもかかわらず、効果を出すためには、各貨物の納品条件などが合致し、複数の荷物を適正に混載することが必要である。しかしながら、それぞれの荷物について納品時刻が細かくすでに設定されており、その条件を変更しないと混載は不可能となる。このように、各企業がリードタイム、納品時刻、ロットといったさまざまな物流条件を見直さない限りは、発荷主企業間の水平連携による共同輸配送は成立しないのである。

一方、取引企業間の垂直連携による大ロット化、納品頻度の削減といった商慣行の見直しによる施策の方が効率化の効果が大きい場合も多い。しかしながら、この垂直連携については、発荷主企業側が個別に顧客企業に対して商慣行の見直しの提案をしても、認めてもらえない場合が多いという課題がある。

現在検討が進められている共同物流は、業界全体あるいは複数企業の連携による取り組みも多く、このことは顧客企業との商慣行の、各種物流条件の見直しに結びつく可能性も高い。すなわち今後は、垂直連携と水平連携を同時に実施することが欠かせない。さらに、これまでの物流需要に合わせて供給側がサービスを提供する考え方から、供給側が提供するサービスに需要を合わせるという考え方に転換することが物流構造を大きく変えていくのである。

店着価格制を堅持するか

日本における消費財流通は「店着価格制」が一般的である。店着価格制とは、買い手が支払う商品価格の中に、売り手が物流企業に対し支払う商品の納入に必要な物流費用が含まれている価格決定方式を指す。「店」着価格制とは言うものの、必ずしも小売店向けの価格だけではなく、購買者がメーカー、卸売業、小売業のいずれの場合でも対象となる。

店着価格制の場合、どのような物流サービスを要請し、提供を受けていても基本的に商品の価格は変わらない。そのような状況では、商品を買う購買者が物流費用を意識することはない。これは宅配便において再配達を頼んだとしても、それに対する費用が請求されないため、利用者の一部は再配達を減らそうという意識が薄いといったことと同じである。さらに、購買者側が物流の効率化をしようとするインセンティブが働きにくいということとなる。またこのことは、弱い立場にあるドライバーに対して、着荷主企業が積み込み、荷卸し、仕分け、棚入れ、ラベル貼り、はい作業（段積み・段落し作業、規則正しく積み上げ、崩すなどの作業）といった附帯作業を無料で要求するといったことにもつながる。

もし、要求する物流サービスの内容によって、物流費用が別途請求され、その額が違えば、購買者は物流サービスを選択する際に物流費用を意識する。そのため、店着価格制が物流の効率化を阻害しているという指摘がある。

ただし店着価格制は、たとえば「ある加工食品が全国各地のスーパーで同じ価格で買える」といったような、同じ商品を全国一律に同じ価格で提供する、購入できるという現在の社会の前提となっている仕組みを支えている面もある。そのため、店着価格制を廃止すると、特に物流コストが嵩みがちな地方部において、物流費用が多くかかった分、商品価格が上がることになる。店着価格制は、地方部における流通を支えているのであり、人口減少社会を迎えた日本において、地方再生のための重要な基盤とも言える。地方部向けに高くなる物流コストを日本全体で分担する仕組みを維持していくことが重要である。すなわち店着価格制を単に廃止すればよいというものではなく、購買者が物流費用を意識し、物流効率化がインセンティブとなるメニュープライシングの検討が必要だ。

物流の位置づけを高め、人材を育成する

これまで社会において、物流の重要性はなかなか認識されてこなかった。それは一般の企業でも同じであり、荷主企業においては、物流部門は片隅に置かれている場合も多い。多くの企業にとって、業務遂行において物流管理は重要であるものの、あくまで「コストセンター（コストは生むが利益は生まない部門）」として位置づけられているのが一般的である。企業がコア・コンピタンス（他社に真似できない核となる能力）に集中する戦略を強めるなか、多くの企業は物流業務をアウトソーシングしている。その際、コストをいかに削減するかが主眼であり、物流事業者に無理を言って低運賃で運ばせればよいという風潮さえあったのである。

物流部門は、本来は原材料や部品、商品の調達、生産・製造、販売に至るサプライチェーン全体を見渡すことができるのであり、サプライチェーンを管理し、戦略を構築するうえで要となる。物流を改革していくためには、企業における物流の重要性を再認識し、物流の位置づけを高めていくことが欠かせない。そのためには物流事業者側の提案力を高めていくことが重要であり、物流の現場力と同時に、定量的な現状把握、分析をし、提案していくコンサルティング能力が求められることとなる。

物流、ロジスティクスを強化する場合、制約となるのが物流人材の確保である。日本においては、荷主企業が物流人材を育成するといった考えは稀薄であった。今後は、高度な物流に関する専門知識を有すると同時に、サプライチェーン全体を俯瞰でき、データドリブン（勘や経験ではなくデータに基づき意思決定をすること）の考え方ができる人材をいかに育成していくかがカギとなる。単に物流管理の責任者という立場だけでなく、ＣＬＯ（Chief Logistics Officer）人材の育成が欠かせない。

また、ロジスティクスを考慮した製品、包装を設計するなどＤＦＬ（Design for Logistics）の考え方も重要である。従来は製品、梱包サイズなどの決定において、輸送効率などを考慮していない場合が多かった。近年は、製品の企画、設計段階において、ロジスティクスを考慮したデザインにするなどの取り組みが一部進んでいる。すなわち物流部門だけでなく、関連部門においても物流を考慮するということが欠かせなくなっている。

環境負荷削減からも求められる物流改革

持続可能な物流の構築の検討において、喫緊の課題として対応が迫られている物流供給制約に関するものが主なテーマとなっているものの、環境負荷削減の対応も忘れてはならない視点である。

日本の2030年度に向けての温室効果ガス削減目標は、従来は2013年度比で26％（3億6600万トンCO2）削減であったが、カーボンニュートラル対応により46％（6億4800万トンCO2）削減となった。運輸部門における温室効果ガス削減目標も、従来は28％（6200万トンCO2）削減であったのが、カーボンニュートラル対応によって35％（7800万トンCO2）削減となった。産業部門、家庭部門に比べると、新たに上乗せした削減量の率は低いものとなっている。

従来、運輸部門は次世代自動車の普及、燃費改善による2379万トンCO2削減などによって、目標達成が比較的楽観視されていた。次世代自動車の普及、燃費改善は、この見直しによって、2674万トンCO2削減とわずかに削減目標が増えたものの、さらなる削減については、大きくは期待できないところである。一方で、トラック輸送の効率化、共同輸配送の促進という物流の効率化に関する施策がクローズアップされることとなり、従来の削減目標は208万トンCO2削減であったのが、見直しによって1192万トンCO2削減となった。トラック輸送の効率化、共同輸配送については、2022年度点検において、進捗率60%とされている。物流改革においては、物流の供給制約への対応と環境負荷の削減を両輪のように進めていくことが必要である。

日本型物流システムの構築を

日本の消費財の流通は、非常に複雑であると言われる。その理由として、欧米ではメーカーと小売が直接取引するのに対して、日本ではメーカーと小売の間に卸売が中間流通として入ってくる場合が多いことが挙げられる。このことから、以前は「卸売不要論」が議論されることも多かったが、近年、卸売不要論はほとんど聞かれなくなった。

日本の流通構造の特徴として、メーカー、小売の数が非常に多いということが挙げられる。

例えば加工食品を考えた場合でも、メーカー数が非常に多く、かつ地域ごとに特色を持つ企業が多い。そして、小売業の数も多く、かつ各地域に、販売力を持つ有力地方スーパーがある。欧米では上位5社の寡占率が6～7割となっている場合が多いのに対して、日本は約3割である。

そして、商品種類が多いのも特徴である。一般的な食品スーパーでの取り扱いアイテム数は1万を超えている。日本人が欧米の大規模スーパーに行くと、店舗面積は広いものの、商品種類が少ないと感じられることも多いのではないか。商品がパレットに載せられたまま売られている場合も多い。それに対して、日本の店舗では、棚に商品が1列しか並んでおらず、小さい店舗にもかかわらず多くの種類の商品が置かれている場合が多い。

これらは消費者の立場からは好ましいことではあるかもしれないが、流通面においては、店舗での在庫数量が少なく、販売状況に応じて、短いリードタイムで、多頻度小口で商品を納入せざるを得ないということになる。さらに新商品の数が多く、このことは返品を多く発生させることともなり、商品管理も複雑である。欧米と日本では、品ぞろえがまったく違うのであり、このような日本の流通の特徴は、物流に大きな負荷をかけていることとなる。

商品の種類、新商品については現状として過度なものも多く、企業および消費者の意識改革も含めた見直しが一部必要だが、このことが日本の生活の豊かさに結びついているという側面もある。

品ぞろえが豊富な日本の流通の良さを保ちながら、地方部向けに高くなる物流コストを日本全体で分担する、さらにサプライチェーン、消費者といった関係者それぞれが適正な物流コストを負担することによって、全国民の豊かな生活を支える日本型物流システム構築を目指すべきである。

おわりに

日本の物流に未来はあるのか。持続可能な形に変革できるのか。そのような難問に対して、物流を違う視点から見てきた2人の研究者が考察を行ったのが本書である。物流業界の構造、物流現場の現状、さらには「2024年問題」によって物流現場で何が起きているのか、何が問題となり、課題となっているのかについて分析を行った。

物流現場の声、実態をできるだけ踏まえて記述したが、一口に物流と言っても、取り扱う品目、事業者の規模、地域などによって、まったく違う特性を有している。そのため本書は、物流全般について網羅的に扱ったものではないし、さらに普遍化されたものとは言いがたい。しかしながら、断片的でも物流現場の実態を踏まえたものを中心とした。

「2024年問題」に関連して、物流の問題をどのように解決すればいいのか、ノウハウ本とも言えるものが数多く刊行されている。そこにはさまざまな処方箋が示されており、改善に向けての方向性が記されている。しかしながら、物流の問題を抱える患者がこれらの本を読んで、解決に結びつけられるのかと言えば、残念ながらそうならない場合が多い。

これは各企業が抱える課題がそれぞれ違うということもあるが、それ以上に物流の仕組みそのものが、その根底に大きな課題を抱え、そこには物流を取り巻く商慣行などの問題が複雑に絡み合っていることによる。そのため関係者も多く、物流事業者あるいは荷主企業の物流部門だけでは解決できないのである。

さらに物流業界自体も、物流事業者数が多く、中小事業者の比率が高く、多重下請け構造となっている。実際に貨物を運ぶ実運送を担うのは、中小の物流事業者であり、発着荷主企業、あるいは元請け事業者との力関係においても弱い立場にあり、なかなか自らが主導して改革に取り組めないという状況がある。

これまで荷主企業が取り組む物流効率化は、自社の運賃などの物流コスト削減、在庫削減が最優先だったと言える。そのなかでは、いかに支払運賃を抑えるかということが焦点であった。物流の仕組みを改善し効率化するという動きもあるものの、同時に物流事業者に対して適正な運賃が支払われていないことも多くあった。

さらに在庫削減を求めるなか、短いリードタイム、多頻度小口、ジャストインタイム物流が浸透した。サプライチェーンのなかで、荷受け側、着荷主側に偏った仕組みとなり、物流に大きな負荷がかかることになり、これが行き過ぎたことが、物流の生産性を下げる要因にもなっている。

情報化、自動化・機械化、さらにはＡＩといった新技術の波は物流に大きな変革をもたらそうとしている。しかしながらこれらの影響範囲も、現状では一部にとどまっている。物流関連のデータ化が遅れていること、標準化が遅れていることが、大きな妨げとなっている。

ここまでの文章を読むと、暗澹とした気持ちになるかもしれない。しかしながら今、物流改革の方向に向けて、確実に一歩を踏み出していることは間違いない。「2024年問題」を契機として、マスコミなどで物流現場の実態などを取り上げられることも多く、物流に対する社会全体の認識が変わってきた。

従来の物流改革は、物流関係者による非常に狭い範囲での取り組みであった。今起きようとしていることは、多くの人が物流問題を自分と関係があり、解決しなければならない問題であると意識し始めたことである。まさしく一筋の光明が差してきたのである。

この一歩を、途中で頓挫させないためには、表面的な解決策ではなく、物流の根底に存在する問題を認識し、改革を進めなければならない。2024年は、ドライバーの働き方改革が始まった年であるが、今後、ドライバー不足はさらに深刻化するであろう。「2024年問題」はあくまできっかけであり、これからが正念場である。狭い意味での物流だけでなく、商流も含めて、過度な商慣行は適正化していくことが重要である。

日本の物流業界は、これまで付加価値が高い物流サービスを提供してきたのであり、日本の経済、私たちの生活を支えてきた。これからも日本の経済力を高め、生活を豊かにするための重要な原動力となる。そのためにも物流をどのような姿に改革していくべきか、社会全体で考え、取り組んでいく必要がある。

２０２５年１月　矢野裕児

矢野裕児（やの・ゆうじ）

流通経済大学流通情報学部教授。同学部長。日本物流学会会長。横浜国立大学工学部建築学科卒業、同大学院修士課程修了。日本大学大学院理工学研究科博士後期課程修了。工学博士。日通総合研究所、富士総合研究所、流通経済大学助教授を経て、現職。共著に『物流論 第2版』（中央経済社）など

首藤若菜（しゅとう・わかな）

立教大学経済学部教授。専攻は労使関係論、女性労働論。日本女子大学大学院人間生活学研究科博士課程単位取得退学、博士（学術）。山形大学人文学部助教授、ロンドン・スクール・オブ・エコノミクス労使関係学部客員研究員、日本女子大学家政学部准教授などを経て2018年より現職。著書に『物流危機は終わらない―暮らしを支える労働のゆくえ』（岩波新書）など

［コラム執筆］

田阪幹雄（たさか・みきお）

NX総合研究所リサーチフェロー。中央大学法学部政治学科卒業、日本通運入社、貿易研修センター（IIST : Institute of International Study & Training）卒業、米国日通勤務などを経て、日通総合研究所に入社。同社専務取締役、顧問を歴任し、現職。共著に『令和版 物流ガイドブック 概論編』（NX総合研究所）など

間違いだらけの日本の物流

2025年3月20日　第1刷発行

著　者　　矢野裕児　首藤若菜
発行者　　江尻　良
発行所　　株式会社ウェッジ
〒101-0052　東京都千代田区神田小川町１丁目３番１号
ＮＢＦ小川町ビルディング３階
電話 03-5280-0528　FAX 03-5217-2661
https://www.wedge.co.jp/　　振替 00160-2-410636

装　幀　佐々木博則
組版・印刷・製本　株式会社シナノ

※定価はカバーに表示してあります。
※乱丁本・落丁本は小社にてお取り替えいたします。

ISBN978-4-86310-292-7　　C0034